国家专业
虚拟仿真实验
教学项目案例

主编 高志鹏 屠雪静

副主编
王圣 秦浩均 薛小芝 席志健
谢胜奇 黄博 章旭东 屠雪静

华中科技大学出版社
http://press.hust.edu.cn
中国·武汉

图书在版编目(CIP)数据

医学专业思想政治理论课教学案例集 / 胡志雄, 屠琪编著. —武汉:华中科技大学出版社,
2024.4
ISBN 978-7-5772-0617-2

Ⅰ.①医… Ⅱ.①胡…②屠… Ⅲ.①医学院校-思想政治教育-教案(教育)-中国
Ⅳ.①G641

中国国家版本馆 CIP 数据核字(2024)第 060137 号

医学专业思想政治理论课教学案例集

胡志雄 屠 琪 编著

Yixue Zhuanye Sixiang Zhengzhi Lilunke Jiaoxue Anliji

策划编辑:朱 霞
责任编辑:余琼芳
封面设计:原 子
责任校对:朱 霞
责任监印:朱 玢

出版发行:华中科技大学出版社(中国·武汉) 电话:(027)81321913
武汉市东湖新技术开发区华工科技园 邮编:430223

排:武汉创易图文工作室
印 刷:武汉市洪林印务有限公司
开 本:710mm×1000mm 1/16
印 张:11.5
字 数:225 千字
版 次:2024 年 4 月第 1 版第 1 次印刷
定 价:39.00 元

本书若有印装质量问题,请向出版社营销中心调换
全国免费服务热线:400-6679-118 竭诚为您服务
版权所有 侵权必究

《医学专业思想政治理论课教学案例集》编委会

编　著　高志婕　隆　娟

编　者　（以姓氏笔画为序）

王　茜（湖北医药学院人文社会科学学院）

昝启均（湖北医药学院马克思主义学院）

姚小飞（湖北医药学院马克思主义学院）

高志婕（湖北医药学院马克思主义学院）

郭昆全（湖北医药学院附属国药东风总医院）

黄　俊（湖北医药学院马克思主义学院）

尉迟光斌（湖北医药学院马克思主义学院）

隆　娟（湖北医药学院马克思主义学院）

前　　言

为了更好地贯彻党的教育方针和立德树人的教育理念，落实习近平总书记在学校思想政治理论课教师座谈会上的重要讲话精神，增强思政课的思想性、理论性和亲和力、针对性，湖北医药学院组织编写了这本《医学专业思想政治理论课教学案例集》。

本书以习近平总书记关于教育重要论述的精神和《关于加强医教协同实施卓越医生教育培养计划2.0的意见》对医学人才的培养要求为指导，立足于医学专业思想政治理论课教学的要求和需求，着眼于医学专业学生理想信念的塑造和相关职业素养、职业能力的培养，结合医学专业的特点和思想政治理论课程的知识点，对医学案例素材中蕴含的各类思政元素进行挖掘、分析和整理，为思政课教学增强针对性、亲和力、吸引力和感染力提供参考，从而提升教学效果。

本书编写力求突出针对性、典型性、价值导向性和实用性。素材的选择和案例的编写集中体现医学专业教育的本质要求，尽量选择医学发展中最为典型且思政元素多元化的人物和事件，并始终保持正确的政治立场，严格遵守党和国家培养社会主义建设者和接班人的要求。案例深入挖掘和分析了素材所包含的思政元素，并标明可用于哪一门课程的哪一个具体知识点的教学，以及如何融入教学，使教学更加贴近学生专业实际，更大程度地激发学生学习的兴趣，并提升学生用理论分析和解决实际问题的能力，有助于思政课教师提高备课效率、优化教学效果。

本书共有53个案例，分为医学史案例(22个)、医学人物案例(19个)、临床诊疗案例(6个)和医患关系案例(6个)四个大类，另有"大体老师"放在开篇。"医学史案例"部分主要突出政治认同、爱国主义、文化自信、创新思维，"医学人物案例"部分主要反映家国情怀、敬业奉献、理想信念和哲学思维，"临床诊疗案例"部分主要凸显在临床诊疗过程中体现的辩证唯物主义的认识论和方法论，"医患关系案例"部分主要突出医学职业道德和法治思维。"大体老师"是捐献给医学教学和科学研究的遗体标本，不属于以上几类中的任何一类，但特别纯粹地体现了大爱无私的精神，是关于无私奉献精神和生命观教育的绝佳素材，因此放在开篇，以示对遗体捐献者的崇高敬意。

本书与《临床医学专业课程思政教学案例集》（华中科技大学出版社，2021年）是姊妹篇，一本主要用于医学专业的思政课教学，旨在增强思政课教学的针对性和吸引力；一本主要用于临床医学专业的课程思政教学，旨在更好地发挥专业课程的育人功能。本书的案例素材凡是参考了相关文献、资料的，都已标明了出处；没有标明出处的，都是编委会成员在工作中收集的。编写团队由思想政治理论课教师、临床医学专业课教师和医学人文课程教师共同构成，编写过程中多次召开编委会会议讨论研究。本书是集体智慧的结晶，每个案例都有相关课程教师的参与，为严谨起见，所有涉及临床诊疗的内容都由湖北医药学院附属国药东风总医院郭昆全教授审定，所有涉及医患关系的内容都由湖北医药学院王茜教授审定。

本书的编写得到学校、医院等相关单位的大力支持，并得到湖北省马克思主义中青年理论家项目（省社科基金前期资助项目）"巩固拓展脱贫攻坚成果与乡村振兴有效衔接机制研究"（编号21ZD231）、"习近平关于新时代奋斗精神的科学内涵与时代价值研究"（编号20ZD299）、湖北省高校哲学社会科学研究专项任务（思想政治理论课）项目"医学院校思想政治理论课教学案例库建设研究"（编号21Z039）以及湖北省教育厅哲学社会科学研究专项任务（思想政治理论课）项目"'讲好中国故事'融入高校思政课教学研究"（编号20Z039）等项目基金的支持，在此一并表示感谢。本书参考了诸多专家、学者的文章和资料，从中获取了大量宝贵的信息，亦在此表示诚挚的谢意！本书作为医学专业思政课改革创新的尝试，难免会有缺点和不足，恳切希望读者提出宝贵的批评意见。

《医学专业思想政治理论课教学案例集》编委会
2023年9月

目　　录

开篇　医学生的无语良师——"大体老师" ……………………………… (1)
　　医学生的无语良师——"大体老师" …………………………………… (3)
第一章　医学史案例 ……………………………………………………… (5)
　1　中药的伟大成就 ………………………………………………………… (7)
　2　中国古代疫病预防思想 ………………………………………………… (10)
　3　文成公主与藏医药 ……………………………………………………… (13)
　4　人痘苗——现代免疫学开端 …………………………………………… (15)
　5　外科无菌术发展史 ……………………………………………………… (18)
　6　吗啡的研究和应用史 …………………………………………………… (21)
　7　突触和神经递质的发现史 ……………………………………………… (24)
　8　青霉素的发明 …………………………………………………………… (27)
　9　中国人的伤痛，人类的耻辱——日本731部队的活体实验 ………… (30)
　10　中国人工合成牛胰岛素 ………………………………………………… (33)
　11　中国器官移植"第一例"背后的故事 …………………………………… (36)
　12　20世纪50年代的爱国卫生运动 ……………………………………… (39)
　13　同仁堂的社会主义改造 ………………………………………………… (42)
　14　我国血吸虫病的防治 …………………………………………………… (47)
　15　二十世纪人类用药史的最大悲剧——反应停事件 …………………… (51)
　16　"赤脚医生"是怎样产生的 …………………………………………… (54)
　17　幽门螺杆菌的发现 ……………………………………………………… (57)
　18　中国参与人类基因组计划 ……………………………………………… (60)
　19　中国抗击新冠肺炎疫情 ………………………………………………… (63)
　20　让14亿人"病有所医" ………………………………………………… (68)
　21　构建人类卫生健康共同体，中国展现大国担当 ……………………… (71)
　22　国产创新药械从跟跑到领跑 …………………………………………… (75)

第二章 医学人物案例 (79)

1. "医圣"张仲景 (81)
2. 葛洪与《肘后备急方》 (84)
3. 近代解剖学之父——维萨里 (87)
4. 生理实验科学的创立者——威廉·哈维 (90)
5. 公共卫生医学的开拓者——约翰·斯诺 (93)
6. 细菌学之父——科赫与科赫法则 (96)
7. "提灯女神"南丁格尔 (99)
8. 鼠疫斗士和中国公共卫生先驱——伍连德 (102)
9. 国际主义战士白求恩 (106)
10. "科学公仆"汤飞凡 (109)
11. "万婴之母"林巧稚 (112)
12. 我国微生态学奠基人——魏曦 (115)
13. 中国外科之父——裘法祖 (118)
14. 人民医学家吴孟超 (121)
15. "糖丸爷爷"顾方舟 (124)
16. 屠呦呦:一生只为青蒿素 (127)
17. 无双国士钟南山 (130)
18. 破译肿瘤密码的探索者——卞修武 (133)
19. 人民英雄张定宇 (136)

第三章 临床诊疗案例 (139)

1. 内科案例:亚急性甲状腺炎 (141)
2. 外科案例:急性阑尾炎 (145)
3. 内科急诊案例:急性亚硝酸盐中毒 (147)
4. 内科漏诊案例:食管癌漏诊 (150)
5. 外科误诊案例:囊性肾癌误诊为肾囊肿 (153)
6. 防止过度医疗:惰性淋巴瘤的新认识 (155)

第四章 医患关系案例 (159)

1. 患者术后药物过敏死亡 (161)
2. 手术刀下的文化追问 (163)
3. 一封医学生的感谢信 (165)
4. 榆林产妇跳楼案 (167)
5. 泄露患者隐私引发纠纷 (169)
6. 因理解差异导致患者跳楼 (170)

参考文献 (171)

开篇 KAIPIAN
医学生的无语良师——"大体老师"

医学生的无语良师——"大体老师"

【案例呈现】

2022年9月16日,湖北省十堰市黄龙镇斤坪村的肖广富因病去世,时年50岁。按照其生前意愿,他的遗体被捐献给湖北医药学院,用于医学研究工作,肖广富最终以"大体老师"的身份重回母校。

被称为"大体老师"的遗体标本,是医学生必须学习的支柱性专业基础课——"人体解剖学"的重要教学媒介。在我国,买卖死者遗体是违法行为,所以这些遗体标本主要来源于逝者及其家属的无偿捐献。遗体捐赠者在过世8小时内被急速冷冻到$-30\ ℃$保存,教学使用时再复温到$4\ ℃$,让学生能在最接近真实的人体上观察人体结构组织,进行模拟手术训练,因此,这些遗体既是医学生第一个手术的"患者",也是医学生的良师。在学习过程中,医学生不仅能从这些遗体捐献者的躯体上掌握和丰富人体基本知识,更能感受"救死扶伤"的深刻内涵。因此,这些遗体标本被尊称为"大体老师",亦被称为"无语良师"。

在我国,"身体发肤,受之父母"的传统观念在人们心中根深蒂固,群众对死后身体的"完整性"看得很重,因此,很多人不愿意捐献遗体。有调查显示,传统观念成为影响遗体捐献的首要因素。对于那些愿意捐献遗体的人来说,需要极大的勇气和奉献精神,这种行为是高尚人格的体现,他们的生命将以另一种形式存在。

"大体老师"是医学科研、医学教学和临床应用的宝贵资源,它成就和发展了现代医学科学事业。2020年新冠肺炎疫情中,有91位逝者捐献遗体用于病理解剖,使我国快速对新型冠状病毒有了新的认识并指导临床用药,有效提高了救治率。这些英雄为我国乃至全人类的新冠肺炎疫情防控和医学进步作出了伟大贡献。对于医学生,捐献的遗体是他们学习人体结构的基本平台,也是他们接受人文素质教育的平台。在这里,他们将更加深刻地理解生命的意义,带着对生命的尊重和敬畏走向职业生涯。

【案例点评】

"大体老师"包含的思政元素如下。

(1)高尚的人生追求。生命只有一次,如何让生命更有价值?"大体老师"已经作了回答:虽然他们已经逝去,但他们的生命获得了另一种意义上的永生。逝者将遗体无偿捐献出来用于医学研究和教学,用自己的身体为医学科学事业的进步作贡献,正是他们的奉献推进着医学的进步,换来更多家庭的幸福,体现了他们服务人民、奉献社会的高尚人生追求。

(2)正确看待生与死。《思想道德与法治(2023年版)》中指出:如何认识、对待生死,体现了一个人人生境界的高低。人的生命价值在于个体生命付出背后的意义。个体生命的时间长度总是有限的,但为人民服务、为人类进步事业贡献力量是无限的。遗体捐献者以豁达的心态面对死亡,将有限的生命融入了为人民服务的事业中,促进了医学的进步,体现了人生境界,实现了人生价值。

(3)职业道德。"健康所系,性命相托",生命不可重来,在医疗过程中任何一点疏漏都可能带来不可挽回的后果,作为医学生,无论任何时候都要对生命充满敬畏和尊重。这种敬畏和尊重体现在上解剖实验课前对"大体老师"进行集体默哀、集体献花、缅怀追思、鞠躬感谢等仪式,也体现在实验过程中严肃认真,动作轻柔,操作规范,用实际行动尊重爱护"大体老师",从而培养学生感恩生命、敬畏生命的职业道德。

【教学建议】

本案例可用于《思想道德与法治》第一章第二节"高尚的人生追求"部分、第一章第三节"辩证对待人生矛盾"之"正确看待生与死"部分、第五章第三节"恪守职业道德"和"锤炼个人品德"部分的辅助教学,同时批判对待"大体老师"的错误态度,如评头论足、嬉戏玩耍、开玩笑、拍照等。可辅以央视纪录片《武汉呼吸 大体老师》片段使用。课外还可组织分享捐献者感人故事以及暑期遗体器官捐献调研等实践活动。

(隆娟 高志婕)

第一章 医学史案例

医学发展史同时也是文明、思想和科技的发展史。医学史素材不仅能让学生了解医学发展的过程,还包含了丰富的思政教育资源,如政治认同、家国情怀、文化自信、科学精神等。本章一共有22个案例,包括人类发明青霉素、中国人工合成牛胰岛素等内容,都是人类,特别是中国医学史上的重大事件。将医学史案例用于医学专业思想政治理论课教学,能够促使学生坚定共产主义信仰和中国特色社会主义信念,拥护党的领导,自觉将个人发展与国家和民族的命运联系起来,积极投身于祖国医疗卫生和健康事业,并能在学习和工作中用科学的眼光看待健康和疾病,带着问题探索人体的奥秘,努力创造新的医学知识与技术,从而推动医学的进步。

1 中药的伟大成就

【案例呈现】

早在五六千年以前，人们就从生活经验中认识到，某些来自植物或动物的天然物质具有疗伤治病作用，中国和古埃及、古希腊、古印度等记载流传下来的有些治疗方法和药物至今仍然有用。中药是我国传统医学的主要组成部分之一，几千年来在保护我国人民身体健康方面作出了巨大贡献。

《神农本草经》（公元1世纪前后）是我国最早的一部药物学专著，影响深远。该书托名"神农"所作，实成书于东汉，历代均有修订和增补，日臻完善。书中收录药物365种，不少流传至今，如饮酒止痛、大黄导泻、楝实驱虫、柳皮退热、麻黄止喘、海藻治瘿、常山截疟等。《神农本草经》用朴素的唯物论解释药物的作用，提出药物作用的"君臣佐使"及"四气五味"等理论，一直沿用至今，是现代中医药学的重要理论基础。书中提及的许多药物，如人参、当归、麻黄、甘草、大黄等，在现代临床治疗中继续发挥着作用。

《新修本草》（唐，公元659年）世称《唐本草》，是我国第一部由政府颁布的药典，包括本草、药图、图经等共54卷，收录药物850种，其中还记录了用白锡、银箔和水银调配成的补牙填充剂，这也是世界医学史上最早的有关补牙的文献记录。《新修本草》是世界上最早的药典，比欧洲的《佛罗伦萨药典》和《纽伦堡药典》分别早839年和876年。它从正式颁布之后就作为临床用药的法律和学术依据，对我国药学的发展起到了推动作用，影响长达300年。

明朝李时珍的《本草纲目》（明代，公元1596年）是我国传统医药学的又一部伟大的经典著作，全书共52卷，约190万字，收录药物1897种，插图1160幅，药方11 000余条，其中374种药物是李时珍新增加的药物。《本草纲目》是几千年来我国药物学的总结，不论是从严密的科学分类，还是从包含药物的数目和内容来看，都远远超过古代任何一部本草著作，促进了中国医药的发展。书中指出了许多药物的真正功效和毒性，如常山治疟、延胡索止痛，批判了"水银无毒"等说法。《本草纲目》于公元1596年出版后，引起了巨大的反响，得到了广泛的传播，至今也是学习和研究中医药的必读书籍。《本草纲目》的伟大学术成就在世界范围得到了认可，从17世纪起，陆续被译成日、德、英、法、俄五国文字，被誉为"东方药学巨典"，李时珍被公认为世界上对人类最有贡献的科学家之一。

从东汉的《神农本草经》到明朝的《本草纲目》,古人通过口尝身受、实际体验的方法,用朴素的唯物论解释药物的作用(以"四气五味"讲作用性质,以"归经学说"讲作用部位),并对药物进行筛选和评定,对药物的生态、形态、性味、功能和应用进行记载,在我国劳动人民与疾病的斗争中发挥了重要作用。

【素材出处】

百度百科:https://baike.baidu.com/item/新修本草/743437? fr＝aladdin; https://baike.baidu.com/item/神农本草经/302460? fr＝aladdin; https://baike.baidu.com/item/本草纲目/15342? fr＝aladdin。(根据以上资料整理)

【案例点评】

本案例包含的思政元素如下。

(1)文化自信。习近平指出:中医药学凝聚着深邃的哲学智慧和中华民族几千年的健康养生理念及其实践经验,是中国古代科学的瑰宝,也是打开中华文明宝库的钥匙。以《神农本草经》《新修本草》和《本草纲目》等典籍为代表的古代药学,是中国传统文化的重要组成部分,是中国古人勤劳与智慧的结晶,很多药物在今天仍然发挥着重要作用。中医药文化的传承对于提高国家文化软实力、增强人民的文化自信具有重要意义。

(2)奉献精神。中药的发展离不开古代医者的付出和奉献,如李时珍从小就树立了献身医学的远大志向,不畏艰辛上山采药,为了验证曼陀罗的药性,他以身试药。他深入民间,博采众长,历经30余年,最终编成《本草纲目》。

(3)实践观点。李时珍以前的时代长期有"水银无毒"的说法,认为水银是久服可让人成为神仙的不老之药。李时珍通过调查,发现水银有毒,又根据六朝以来久服水银造成终身残疾的历史事实,驳斥了"水银无毒"的观点,体现了实践是检验真理的唯一标准。

(4)透过现象看本质。从中药生产看,无论是汤剂还是颗粒或胶囊,均按照中药"君臣佐使"的原则配伍炮制而成,针对症状及病症(包括季节、气候、饮食及患者体质等,而不只是外表病象)辨证施治。辨证施治的思想是符合马克思主义哲学原理的。马克思主义认为,现象显现着事物的外在方面,是表面的、多变的、丰富多彩的;本质是事物的内在方面,是深藏的、相对稳定的、比较深刻单纯的。现象是可以直接认识的,本质则只能间接地被认识。"辨证"正是通过辨别现象来寻找本质,即"透过现象认识本质"。在这里,病情的外在表现是现象,而证候则是本质所在,证候群的类别不同,则病情实质就不同。

【教学建议】

本案例可用于《中国近现代史纲要》导言部分"灿烂的中国古代文明"相关内容的辅助教学,由教师讲授,介绍我国中药发展的成就以及对全世界的贡献;也可用于《思想道德与法治》第五章第三节"作奉献"部分的辅助教学;还可用于《马克思主义基本原理》第二章第二节"真理的检验标准"部分的辅助教学和相关内容考核。

(隆娟　高志婕)

2　中国古代疫病预防思想

【案例呈现】

疫病是具有流行性与传染性的一类疾病,在古代文献中,"疫"与"瘟"的含义相同。瘟疫不仅严重危害了人类的健康和生命,还制约了社会发展,严重的瘟疫甚至会导致国家灭亡。古代人民在同疫病抗争的过程中积累了丰富的疫病防治经验,形成了系统的学术理论和大量的临床经验,其中预防思想是中医学疫病防治的精髓。《周易》中就有"君子以思患而豫防之"的认识,我国第一部中医学经典著作《黄帝内经》也明确指出"圣人不治已病治未病,不治已乱治未乱",这种预防为主的思想在我国历朝历代疫病防治中具有重要的指导意义。

先秦两汉时期关于疫病的记载较多,包括《史记》《汉书》等史学巨著以及《黄帝内经》《伤寒杂病论》等医学文献,都对疫病的名称、病因病机以及治疗有较多记载,在疫病预防方面也提出了具体措施及预防原则。《黄帝内经》已有关于疫病的病因病机、发病规律及防治等内容的记载,强调"正气内存"和"避其毒气",即人的机体正气旺盛,则可抵御疫毒病邪侵袭,要远离传染源,避免疫病的传播和流行。这两个要点成为一直以来中医疫病预防的重要原则,也被历代医家所重视并发挥重要作用,成为千百年来中医学治疫、防疫的指导思想。张仲景的《伤寒杂病论》详细记载了东汉末年疫病肆虐的具体状况,阐述了疫病的病因病机、辨证论治等内容,是我国古代疫病防治的重要著作。2020年抗击新冠肺炎疫情中,发挥重要作用的"三药三方"中的清肺排毒汤、连花清瘟胶囊,都是以《伤寒杂病论》中的古代名方为基础研制而成的。张仲景将"养慎"作为疫病预防的重要措施,提出做到"五脏元真通畅",养护正气,则可健康。

两晋隋唐时期由于人口大规模迁徙和水灾、旱灾等极端气候的影响,疫病频发,比先秦两汉和之后的五代、宋元时期都要严重。一些医学著作在疫病预防方面提出许多有效方药,用药途径有内服、外敷、鼻吸、佩戴、熏烧等。葛洪的《肘后备急方》是我国第一部临床急救手册,主要论述了内、外各科常见急性病症的诊治方法,尤其对急性传染病多有阐发。书中最早记录了天花的症状及治疗方法,还记载了很多防疫的方法。孙思邈的《千金要方》《千金翼方》总结了唐朝以前我国的医学成就,收录了许多药方,对疫病的病因病机、治疗及预防用药等均有详细论述。在药物预防方面,《千金要方》列举了36种避瘟方,包括内服剂丸、口服屠苏酒、熏烧、涂抹、煮汤浴、佩戴等灵活多样的用药方法。

宋金元时期，社会相对稳定，医学也得到迅速发展，这一时期疫病发生相对较少，且政府成立了国家药局、太医局等多个医疗机构，开启了以政府为主导的疫病防治体系，不仅推进防疫药物的研制，还对防止传染病的传染和传播采取了隔离治疗、病尸掩埋与火化等有效措施，为疫病防治提供了强有力的支持；平时也比较注重预防，将预防疫病流行的药方印刷成册供民众参考。从统治者到平民，已经能够积极主动开展疫病防治工作，预防思想深入人心。

明清时期是我国古代疫病暴发的顶峰时期，这一时期中医疫病理论也有了进一步的发展和完善，特别是以吴又可、戴天章、杨栗山为代表的温疫学派和以叶天士、薛生白、王孟英等为代表的温病学派的形成，极大促进了中医疫病理论的完善，同时也为疫病的治疗和预防提出了许多有效的方法。明末清初吴又可的《温疫论》是我国第一部疫病专著，指明瘟疫是自然界中独特的致病物质"杂气"所致，这是对疫病致病因素的一大创见。他还提出异气自口鼻而入，首犯膜原，治疗上创立疏利透达之法，自创方剂达原饮，这些都是中医疫病学的重要内容和标志性成果。清代以温病四大家确定的卫气营血辨证、三焦辨证理论体系为核心的温病学说的建立，更是包含了中医学长期以来与疫病抗争的丰硕成果。至此，疫病辨证理论体系达到较为完善的阶段。在预防方面，温病学家注重正气在疫病预防中的作用，强调调养正气预防温病。

在众多明清医家中，刘奎的《松峰说疫》在疫病药物预防、阻断传播途径等方面，提出了独到的见解，在疫病预防方面独树一帜，丰富和发展了中国传统医学疫病预防的思想和方法。他认为疫病预防中要做到"正气内存"，疫病防治要"避其毒气"，还要截断病源，切断传播途径，控制传染；书中还提到有些瘟疫与水源有关，建议将麻、豆投到井中或以贯众、苍术浸水用之。在药物应用上，他明确指出用药时间，部分方剂明确了采药、制药和服药时间，重视熏烧、沐浴、佩戴、喷鼻等操作简便的外治法在疫病防治中的作用，为现代传染病预防提供了借鉴。

中国古代疫病的预防思想和有效措施在人类与疫病抗争过程中发挥了巨大作用，也为世界传染病防治作出了巨大贡献；它完全能够与现代医学防疫思想结合起来，最大化地发挥中西医各自的优势，为临床预防新发传染病提供新思路和新方法。

【素材出处】

魏岩，张文风：《中国古代疫病预防思想探析》，《长春中医药大学学报》，2021（1）：6-9。（根据以上文献整理）

【案例点评】

本案例包含的思政元素如下。

（1）文化自信。古代防疫思想是中国人民几千年来智慧的结晶,是中华优秀传统文化的组成部分,直到今天依然发挥着重要作用。中医药治疗新冠肺炎的经验为国际社会疫情防控提供了"中国经验"和"中国智慧",成为"中国方案"的亮点。这充分展现了中华文明的深厚底蕴,彰显了中华民族文化与科技的双重实力。

（2）奉献精神。防疫与治疫,都离不开医生。古代疫病防治思想是一代代医学先贤在疫病中挺身而出、通过医疗实践总结出的宝贵经验,他们的担当精神、奉献精神是对医学道德的生动诠释。

（3）发展的观点。中国古代医家强调预防的重要性,"圣人不治已病治未病,不治已乱治未乱",说明中国人坚持事物发展的观念,善于防微杜渐,在事物发展之初,便能因势利导,推动事物向好的方向发展。这种中国智慧不仅对疫病的预防起到了重要作用,也形成了中国国家治理的独特智慧。

（4）量变质变规律。中国古代疫病预防思想符合马克思主义的量变质变规律。量是事物的规模、程度、速度、颜色深浅等可量化的规定性,而质是一种事物区别于其他事物的规定性。因此,量变是事物数量的增减或场所的变更,是一种渐进的、不显著的变化;而质变是事物根本性质的变化,是渐进过程的中断。超过了一定的度,量变就会导致质变。"治未病"的理念认为,隐性的疾病如果得不到合适的治疗,则会慢慢地积累,随着时间的推移,很可能会变成显性的疾病,即"未病"变成"已病"。所以,要保持事物性质的稳定,就必须把量变控制在一定的限度之内。因此,必须防微杜渐,积极地"治未病"。

【教学建议】

本案例可用于《中国近现代史纲要》导言部分"灿烂的中国古代文明"相关内容的辅助教学,由教师简单介绍;也可用于《思想道德与法治》第三章第二节"尊重和传承中华民族历史文化"部分的辅助教学;还可用于《马克思主义基本原理》第一章第二节"事物的变化发展""量变质变规律"部分的辅助教学,让学生体会马克思主义与中华民族文化基因的契合之处。

（隆娟　高志婕）

3 文成公主与藏医药

【案例呈现】

唐太宗时期,国力日盛。青藏高原的吐蕃政权在松赞干布的带领下,势力不断增强,并积极谋求与唐朝建立密切联系。贞观十四年(640年),松赞干布派遣大臣向唐朝请婚。次年正月,宗室女文成公主一行离开长安,远嫁吐蕃。漫漫长路,文成公主等人翻越积雪终年不化的高山,忍受恶劣气候,经过人迹罕至的荒芜之地,历尽千辛万苦到达西藏。

文成公主不仅带去了蔬菜、茶叶、水磨等丰富的物资,更是把汉族较先进的技术和文化传入藏地,在医学交流方面也起到了相当重要的作用。据藏族历史学家索南坚赞《王统世系明鉴》记载:文成公主带入藏地的有治四百零四种病的医方百种、诊断法五种、医疗器械六种。文成公主带入西藏的医书,不久后即由在吐蕃传播佛教的僧人译成藏文,藏名《门杰亲木》。一般认为,这是藏医最早的一部系统医学著作,只是它早佚而无从得知其内容,很是可惜。据现代藏医学者强巴赤列说,该书的主要内容均辑录于西藏的《四部医典》中。

成书于公元8世纪的《四部医典》,为著名藏族医学家宇妥·元丹贡布所著。他以早期的吐蕃医学为基础,吸收汉地、印度和大食等多方医学的精华,历经二十多年的研究及实践并结合个人的长期体会编著了《四部医典》。全书共177章,是一部集藏医药医疗实践和理论精华于一体的藏医药学术权威工具书,被誉为"藏医药百科全书"。该书涉及藏医学的理论基础、诊断、胚胎、解剖、临床各科、治疗原则、方药、养生等内容,是一部奠基性的藏医学著作,在藏医学领域的学术价值堪比中医学的《黄帝内经》,不但记载了藏医学独特的理论体系,也指导着藏医的临床实践。它全面反映了藏医学发展的历史轨迹,对青藏高原、喜马拉雅和蒙古高原地区的藏医学传播发展起到了无可比拟的作用,至今仍然是学习藏医的必读书目。

文成公主对西藏地区的经济、文化发展起到了重要作用,藏医学的发展也离不开这位文化使者的功劳。西藏人民对文成公主有着深厚的感情,他们用种种方式纪念这位民族友好的使者。她和松赞干布的塑像和壁画至今仍保留在布达拉宫等地方。

【素材出处】

文静:《文成公主进藏:民族团结的动人篇章》,《中国民族报》,2021-04-06

(05);索南达杰:《早期藏医药学史》,《中国民族医药杂志》,2018,24(2):57-58;金诃藏药:《文成公主与藏医药》,https://baijiahao.baidu.com/s?id=1736384885390579672。(根据以上资料整理)

【案例点评】

文成公主与藏医药的故事包含的思政元素如下。

(1)铸牢中华民族共同体意识。党的十八大以来,习近平创造性地提出了铸牢中华民族共同体意识,并在2021年召开的第五次中央民族工作会议上将其上升为新时代党的民族工作之纲,铸牢中华民族共同体意识是习近平关于加强和改进民族工作重要思想的精髓。藏医学作为祖国医学的重要组成部分,中医理论对其形成产生了较大影响,文成公主在这一过程中起到了重要的促进作用。文成公主既是汉藏民族友好的历史记忆与象征,同时也是蕴含着中华民族共同体意识的重要符号。

(2)伟大团结精神。在几千年历史长河中,中国人民始终团结一心、同舟共济,发展了56个民族多元一体、交织交融的融洽民族关系。文成公主进藏撒下的民族团结的种子生根发芽、枝繁叶茂,西藏和平解放后,内地一批批建设者来到西藏,扎根雪域高原。20世纪80年代以来,开展了轰轰烈烈的对口援藏工作,一代代进藏干部在雪域高原挥洒激情与热血,与当地藏族同胞同甘共苦、守望相助,结下深情厚谊,这些都是伟大团结精神的生动展现。

(3)促进民族团结。《思想道德与法治(2023年版)》中指出:新时代大学生要像爱护自己的眼睛一样维护民族团结,像爱护自己的生命一样维护社会稳定,自觉做民族团结进步事业的建设者、维护者、促进者。在思政课上讲述文成公主与藏医药的故事,有利于增进大学生对中华民族多元一体的理性认识、强化大学生对中华民族团结一心的情感归属,引导大学生通过自身的实际行动来维护民族团结和国家统一。

【教学建议】

本案例可用于《习近平新时代中国特色社会主义思想概论》第八章第四节"巩固和发展新时代爱国统一战线"部分的辅助教学;也可用于《思想道德与法治》第三章第一节"中国精神是兴国强国之魂"之"伟大团结精神"部分、第三章第二节"做新时代的忠诚爱国者"之"促进民族团结"部分的辅助教学。

(高志婕 昝启均)

4 人痘苗——现代免疫学开端

【案例呈现】

　　天花曾肆虐全球,夺去无数人的生命。1980年5月,世界卫生组织宣布成功消灭天花,天花也是最早被彻底消灭的人类传染病。在人类与天花病毒的斗争中,我国最早发现天花的传染性并开创性地接种人痘苗预防天花。这一方法经丝绸之路推广至海外,启发了牛痘苗的发明,是中国古代的一项世界性发明,体现了我们古代先进的科技文化,是现代免疫学的开端。

　　天花大约在汉代传入我国,在唐朝后流行日益广泛,成为危害严重的流行病。唐代以前的医家对天花的症状、危害有了较为正确的描述,对天花的预后也有了初步认识。如晋代葛洪在《肘后备急方》中记载了一次暴发流行的天花;隋朝医家巢元方在《诸病源候论》中记录了天花患者的表现,并提出可能是伤寒致病的假说;孙思邈提出天花是一种传染病。宋元时期,人们对天花、水痘、麻疹等疾病加以区分,并进一步认识到天花的传染性,提出了一些判断天花预后的方法。明清时期人们对天花的免疫有了明确的认识,并根据天花出痘的时间、部位、颜色和形态等,对感染天花的预后有了较为准确的判断。更重要的是,人们通过观察到一个村落天花患者症状相似、每个人一生只会出一次天花、患病以后机体具有免疫能力、当下次天花流行时不再感染等情况,明确了天花的传染性和可预防性,这些对天花的认识为人痘接种术的发明奠定了基础。

　　中国预防天花的人痘接种术最早可能在宋代就已出现,明代已形成科学的接种方法,包括辨认天花病毒毒力强弱、筛选毒力弱的表达株、减轻病毒的毒力等,而这些方法都蕴含着现代免疫学和微生物学理论。这种减毒方式通过连续接种获得"熟苗",提高安全性,与现代疫苗中传代培养获得减毒活疫苗的方法一致。人痘接种方法也在不断改进,主要有痘衣法和鼻苗法两种,其中鼻苗法符合天花通过呼吸途径传播的特性,相当于自然感染的隐形感染,免疫效果好。人痘接种术从选痘苗、培育痘苗到接种痘苗都充分展现了现代免疫理论。康熙年间,老百姓都害怕出天花,康熙皇帝知晓人痘接种术后将其大力推广,老百姓接种后便"皆无恙"。非常多的医书也记载人痘苗达到了"百不失一"的程度,证实了人痘接种术的安全有效。

　　中国的人痘接种术对外传播,启发了牛痘苗的发明。明清时期,这一接种术日臻成熟,往于丝绸之路上的中国和阿拉伯商人可能充当了传播媒介,传播了人痘接种术。18世纪早期,这一技术又通过英国驻土耳其公使夫人传到英国,并在1722年天花疫情中发挥了非常重要的作用。

18世纪末,英国医生詹纳(Edward Jenner)发明了牛痘接种法。当英国推行人痘接种术的时候,在乡村行医的詹纳同时兼做人痘接种工作。一位挤奶女工告诉他,自己因为感染过牛天花,在手上长过痘疤因而不需要再接种人痘时,詹纳的脑子里突然闪过了一道亮光:是否能用牛痘代替人痘进行接种呢?1796年,他在男孩菲浦斯身上试种牛痘成功。然后,更加安全的牛痘接种法取代了人痘接种法,并随着英国殖民者的足迹传到了全世界。现代人马伯英曾经对人痘苗与牛痘苗的有效保护性和安全性进行回顾性调查,发现接种人痘苗成功率为97.4%,接种牛痘苗成功率为96.6%,而未接种牛痘苗或人痘苗的27例中有24例患天花并留下后遗症,可见,种痘可明显预防天花,且接种人痘苗与接种牛痘苗无显著差异。

中国古人发明人痘苗已有几百甚至上千年的历史,并且启发了牛痘苗的发明,为世界范围内消灭天花作出了杰出的贡献。这种接种疫苗预防传染病的方法,也是现代免疫学的开端。

【素材出处】

马伯英:《中国的人痘接种术是现代免疫学的先驱》,《中华医史杂志》,1995(3):139-144;马伯英,邝丽诗:《中国的人痘与牛痘——纪念詹纳发明牛痘200周年》,《科学》,1997(3):48-52。(根据以上文献整理)

【案例点评】

本案例包含以下思政元素。

(1)文化自信。中国古人用智慧和探索发明了人痘苗,为天花的预防、牛痘苗的发明作出了重大贡献,展现了中国古人非凡的智慧和传统医药的巨大魅力。

(2)创新思维。古人通过观察明确了天花的传染性和可预防性,并创造性地用减毒法培育出疫苗,蕴含和体现了现代免疫学和微生物学理论,体现了客观理性精神;中国古人培育疫苗,詹纳受到人痘接种术的启发,发明了牛痘苗,实现了人类历史上第一次真正意义上的使用生物科技制品疫苗来防治疾病。这些都说明了创新思维的重要性。

(3)辩证思维。病毒危害人类健康,但通过人工减毒、灭活等方法将病毒制成疫苗,又可以预防病毒的传染,利害的转化体现了辩证思维。首先,任何事物都有它的对立面,对立双方可以相互转化,体现着"矛盾双方依据一定条件向与自己相反的方向转化"这一哲学原理;其次,病毒毒性的大小、活性的强弱、数量的多少决定着它是致病的病毒还是防病的疫苗,这体现着量变质变规律中的"适度原则";最后,事物内部都存在着肯定因素和否定因素,病毒这一事物本身就存在着促使它自身灭亡的因素,人们利用规律促使病毒克服了其消极因素,使它失去了致病性,又保留了其积极因素,即病原菌刺激动物体免疫系统的特性,使得新事物"疫苗"产生,体现着"辩证的否定观"。

【教学建议】

本案例可用作《中国近现代史纲要》导言部分"灿烂的中国古代文明"相关内容的例证素材;也可用于《思想道德与法治》第三章第三节"让改革创新成为青春远航的动力"部分的辅助教学;还可用于《马克思主义基本原理》第一章第二节唯物辩证法三大规律相关内容的辅助教学。

(高志婕　黄俊)

5 外科无菌术发展史

【案例呈现】

如果说外科手术是刀尖上起舞的艺术,微生物则是生死关头最可怕的存在,而无菌术的发明为患者带来了福音。19世纪中期前,人们对于手术完全没有无菌的意识,没有手术衣和口罩,不消毒,手术室里坐满了围观的人。手术室的英文表达为"operating theatre",足以说明它与剧院类似的设计。医生在正中央的手术台上工作,周围会有一群人观摩手术。伴随着患者凄厉的惨叫声,医生在没有麻醉剂的情况下迅速完成手术,但治疗效果和术后存活率都难以保证。在伤口的处理上,当时采用了一种不可思议的方法:用烧红的烙铁封堵伤口。为了防止致命的感染,却把人体的组织烧死。

阻止这一幕继续上演的是匈牙利产科医生塞麦尔维斯（Ignaz Semmelweis）——世界上提出洗手预防产褥热的第一人。塞麦尔维斯在获得医学博士学位后,成为维也纳综合医院产科第一诊所的医生。他在任职期间,发现第一诊所经过医生或者医学生接生的产妇,因产褥热死亡的比例高达13%～18%,而在第二诊所经过助产士接生的产妇,产褥热的死亡率只有2%。这个现象让塞麦尔维斯百思不得其解,直到有一天,他的一个朋友在解剖尸体时划伤了手指,表现出类似于产褥热的症状,没过多久便去世了。这让他突然意识到,产褥热的高死亡率可能与医生们在解剖完尸体后,不进行手部清洁便奔赴产房接生有关。为了验证这个想法,塞麦尔维斯专门设计了一个实验——比较负责接生的医生是否洗手对产褥热死亡率的影响。实验表明,如果医生在接生之前采用漂白粉溶液洗手,产褥热的死亡率就猛降到2%。后来,他开始采用漂白粉溶液清洗手术器械,这让产褥热死亡率进一步降低到1%。

然而,塞麦尔维斯的思想太超越时代,很多人不理解甚至强烈反对,认为他是在污蔑医生,背弃医学信条。他因此事业受挫,不仅晋升被拒、被医院解雇,而且在维也纳医学界受到排挤。1850年,他心灰意冷地回到匈牙利,但依然不遗余力地宣传他的理论。他于1861年出版的《产褥热的病因、概念和预防》,也未被多少医疗机构采纳。由于长期承受巨大的压力,塞麦尔维斯逐渐出现异常行为,变得多疑、抑郁,甚至有暴力倾向。他的家人认为他失去了理智,将他送进精神疾病患者收治中心。1865年,他被收治中心的守卫人员殴打,两周后死于他自己竭力对抗的疾病——伤口感染引发的菌血症,年仅47岁。

就在塞麦尔维斯去世的同一年,英国医生约瑟夫·李斯特(Joseph Lister)为一个被马车撞成骨折的小男孩实施了一台手术,在把骨头接上以后,又用亚麻籽油和苯酚溶液浸泡过的绷带包扎伤口,再将受伤的左腿固定。之后每隔一段时间就重新包扎伤口,6周后,小男孩的左腿痊愈了,手术获得成功。李斯特之所以会想到用苯酚溶液浸泡过的绷带包扎伤口,是受了巴斯德(Louis Pasteur)关于酿酒酵母的启发,他认为防止术后感染的最好方法,就是在细菌进入伤口之前把它消灭掉。之后,李斯特又开展了很多例苯酚溶液消毒处理的外科手术,并于1867年将自己的研究成果发表在《柳叶刀》上。然而,他的理论一开始并没有受到医学界的欢迎。直到普法战争期间,德军因为用了李斯特的理念处理伤口,效果要比未采用这种理念的法国军队好得多,李斯特的理论才得到认可,他本人也因此获得了普鲁士的最高勋章。

1886年,德国伯格曼首先采用了热蒸汽对手术器械和敷料进行消毒;1890年,美国哈斯特发明了橡皮外科手套,75%的酒精等灭菌剂也取代了有腐蚀性的苯酚溶液,现代消毒法逐渐形成;1946年,英国科尔布鲁克等人开发出手术室空气净化系统,能减少空气中的细菌;1966年,世界上第一间层流洁净手术室在美国的巴顿纪念医院设立;随后,各个国家的洁净手术室先后建成,我国的洁净手术室也在20世纪80年代开始出现。如今,从手术环境到手术器械,从流程设置到实际操作,无菌术已经贯彻到手术的方方面面。

【素材出处】

冯琦,唐金陵:《欧洲产褥热流行调查与控制:被忽略的流行病学先驱塞麦尔维斯》,《中华流行病学杂志》,2017(8):1136-1139;谭昭麟:《外科手术两大基石——麻醉与无菌》,《食品与健康》,2020(2):17-20。(根据以上文献整理)

【案例点评】

外科无菌术的发展史包含以下思政元素。

(1)创新思维。术前消毒对于预防手术感染是非常关键的,塞麦尔维斯能够发现这一点,有赖于他能够破除迷信,超越陈规,有敢为人先的锐气;他超越时代的思想不被理解,他本人也因此遭受重大挫折,但他始终坚持并宣传自己的观点,这种不盲从、不迷信权威的客观理性精神令人敬佩。李斯特用消过毒的绷带给小男孩包扎伤口,以新技术解决老问题,这种摒弃旧观念、打开新局面的勇气,也体现着探索创新的精神。

(2)实践观点。人类文明发展的历程总是在曲折中前进的,这个过程中,新旧理念的交替必然包含各种斗争和牺牲,正是由于在实践中得到了广泛证实,新的理论才最终得到认可,科学理性最终战胜了蒙昧无知,这一过程正体现了实践对认识的决定作用。

【教学建议】

本案例可用于《马克思主义基本原理》第一章第三节"创新思维能力"部分及第二章第一节"实践对认识的决定作用"部分的辅助教学。

（隆娟　姚小飞）

6　吗啡的研究和应用史

【案例呈现】

吗啡来自阿片,阿片俗称"鸦片",即民间所说的"大烟""烟土",源自罂粟类植物。罂粟果的白色汁液在空气中氧化、风干成棕褐色或黑色膏状物,即为生阿片,再经简单加工便可制成大烟。吗啡在阿片中的含量为4%～21%,平均10%左右。1806年,德国化学家泽尔蒂纳首次将吗啡从鸦片中分离出来,一开始,他以狗为实验对象做测试(后来所有实验对象均死亡),然后他又在自己和三个男孩身上做实验。最终他将这种新的化合物记录下来,表示它和鸦片类似,能够缓解疼痛、引起兴奋,但是过多的剂量会导致焦虑(厌恶)感、呼吸抑制、恶心、呕吐、咳嗽反射抑制,他还发现这种化合物在抑制疼痛方面的效力是鸦片的将近十倍。后来他用希腊梦神 Morpheus 的名字将其命名为"吗啡(morphine)"。

随着吗啡的药效和作为药物的潜力被制药公司发现,吗啡的商业生产在19世纪中期出现并迅速发展。它被宣传为鸦片的替代品,在战争期间被用于缓解士兵的疼痛和腹泻。然而,那些在战争期间被注射吗啡的士兵回到社会后,出现了上瘾依赖的症状,"士兵病"成为吗啡依赖症状的绰号。此外,吗啡和皮下注射工具开始大量出现,引起了又一次毒品大流行并席卷了整个社会。世界各国政府迅速通过了严格的法律(如美国国会1914年通过的 *Harrison Narcotics Act*)来限制吗啡的消遣式使用。大约60年后,美国国会于1970年通过了更严格的法案 *Controlled Substance Act*,规定没有处方而持有吗啡的人将面临巨额罚款,甚至可能坐牢。

海洛因,吗啡类毒品总称,是以吗啡生物碱作为合成起点得到的半合成毒品,俗称"白粉""白面儿",是阿片毒品系列中的精制品。1874年,英国伦敦圣玛丽医院的化学家莱特(R. Wright)在吗啡中加入醋酸酐等物质,首次提炼出镇痛效果更佳的半合成化衍生物——二乙酰吗啡,这就是最早合成的海洛因。该化合物之后被送到英国曼彻斯特欧文斯学院(Owens College)进行研究,研究人员发现实验动物使用后有惊恐、瞌睡、瞳孔放大、大量流口水、欲吐的迹象,呼吸最先加速然后舒缓、心跳减弱或不正常等,但这些并未引起注意。1897年,德国拜耳(Bayer)药厂化学家霍夫曼(Felix Hoffmann)将海洛因制成药物,其止痛效力远高于吗啡,至少提高了4～8倍,可明显抑制肺痨患者的剧烈咳嗽、久喘和胸痛,促进患者情绪安定,且无明显不良反应。1898年拜耳药厂开始规模化生产该药,并正式注册商品名为"海洛因"(heroin),该名称或许源自德语"heroisch"一词,意为"女英雄"。

1898年,该药以"不会上瘾的吗啡"之名上市,其后更曾用作儿童止咳药。拜耳药厂很快就发现海洛因并不是只能治咳嗽,后来建议在治疗疼痛、抑郁、支气管炎、哮喘甚至胃癌时都可以使用海洛因,以至于在当时人们了解的疾病中,只有很少几种不在海洛因的适用范围之内。那不勒斯精神病院的大夫给患者们开出海洛因,记录说"有持久的镇定作用","甚至有几个痊愈的病例";俄国精神病院的医生用海洛因驱散"灵魂的痛苦";甚至登山俱乐部都建议俱乐部成员在登山前服用此药,因为它能使呼吸更为顺畅,能让他们登得更高。

海洛因作为商品出售给商家带来了巨大利润,1902年海洛因的利润占整个药品行业的5%,这在一定程度上得益于拜耳药厂的营销手段。拜耳药厂给全世界的医生免费发放海洛因试用品,委托一些专家做宣传海洛因神奇疗效的研究。在这些人员的研究记录里,海洛因仅仅具有昏沉、晕眩和便秘这些微不足道的副作用。拜耳药厂甚至在《德国医生报》的广告中公开要求医生们用"公认的出色的"海洛因医治吗啡成瘾,称海洛因是吗啡的下一代产品,不会让人上瘾。但事与愿违,人们很快就发现海洛因比吗啡的水溶性更强、吸收更快、脂溶性更强,海洛因更容易通过血脑屏障进入神经中枢发挥作用;更为严重的是,它的成瘾性更强。海洛因对个人和社会所造成的危害,已远远超过其医用价值。1910年起,各国取消了海洛因在临床上的应用。1912年在荷兰海牙召开的禁毒国际会议上,与会代表一致赞成管制鸦片、吗啡和海洛因的贩运。1924年,美国国会立法禁止进口、制造和销售海洛因。1953年,首先发明了海洛因生产工艺的英国也将它从《英国药典》中删去。

海洛因已成为当今世界滥用最为广泛的毒品,在所有毒品犯罪案件中,涉及海洛因制造、走私、滥用的毒品犯罪案件高居首位,海洛因被称为"世界毒品之王",为联合国认定的一级管制毒品,也是中国监控、查禁的最主要的毒品之一。需要特别指出的是,海洛因作用机制不明确,迄今尚无任何有效的戒除方式,其复吸比例极高,一旦沾染,几乎没有可能戒除。

【素材出处】

百度百科:https://baike.baidu.com/item/吗啡/248641? fr=aladdin。(根据以上资料整理)

【案例点评】

本案例包含以下思政元素。

(1)爱国主义。19世纪中叶,中国因禁鸦片而遭受到西方列强入侵,国家蒙辱,人民蒙难,文明蒙尘。中国人民不屈不挠,由此开始了反抗帝国主义的英勇斗争。个人与国家的命运是紧密相连的,只有国家强大了,人民才能过上安稳、幸福和有尊严的生活。

(2)法治意识。吗啡类药品的使用要严格按照相关管理规定和医疗单位的相关流程,确保合法、安全、合理地使用。要远离毒品,增强自我保护意识。

(3)辩证思维。吗啡类药品的使用具有双重性,正确合理地使用能缓解病痛,造福人类;管理或使用不当,药品就会变成毒品,害人害己。利害的转化体现着"矛盾双方依据一定条件向与自己相反的方向转化"这一哲学原理。

(4)实践观点。对吗啡、海洛因的曲折认知过程表明,人们对客观事物的认识要经历一个由不知到知,由知之不多到知之较多,由错误到正确的过程。正如毛泽东在《实践论》中强调的:一个正确的认识,往往需要经过由物质到精神,由精神到物质,即由实践到认识,由认识到实践这样多次的反复,才能够完成;实践、认识、再实践、再认识,这种形式,循环往复以至无穷,而实践和认识之每一循环的内容,都比较地进到了高一级的程度。这个过程既是认识在实践的基础上沿科学性方向不断深化的过程,也是实践在认识的指导下沿着合理性方向不断深入推进的过程。因此,我们对客观事物的认识必须跟随实践的发展而发展。

【教学建议】

本案例可用于《中国近现代史纲要》第一章第一节"鸦片战争的爆发"部分的辅助教学,由教师简单介绍;亦可用于《思想道德与法治》第三章第二节"做新时代的忠诚爱国者"部分、第六章第四节"自觉尊法学法守法用法"部分的辅助教学;还可用作《马克思主义基本原理》第一章第二节"对立统一规律是事物发展的根本规律"部分、第二章第一节"实践与认识的辩证运动及其规律"部分的例证素材。

(隆娟　高志婕)

7 突触和神经递质的发现史

【案例呈现】

在十九世纪的生物与电生理学界中,神经细胞之间如何传递信息一直是众人热议的一个主题。由于神经细胞内部的电子活动在当时早已为人们所熟知,因此许多人都认为,细胞之间的信息传递也应该是通过电子信号进行的。早在1846年,被称为实验电生理学之父的德国生理学家、动作电位的发现者雷蒙德(Emil DuBois-Reymond)就曾经提出一个主张,认为神经细胞之间可能存在着空隙,除了电子传递方式外,也有可能以化学传递的方式来越过神经细胞之间的空隙。但当时他并没有拿出任何证据,因此他的化学传递主张很快就被大家遗忘。

英国生理学家谢灵顿(Charles Scott Sherrington)在实验室有几项重要发现,也对"电传递假说"提出质疑。首先,当时已经知道动作电位总是由一个细胞的轴突往下一个细胞的方向前进,而不会往反方向逆行。如果细胞之间真的是用电子信号来传递信息,那么本身不具有方向性的电子活动,应该也会导致反方向的动作电位,但为什么人们从来没有观察到这个现象呢?其次,当时已知存在着兴奋型和抑制型两种神经细胞作用,如果神经细胞之间真的是使用电子信号作为传递方式,那么由于电位改变和传递的方式在每个细胞上都一样,其造成的效果应该只会是兴奋型或抑制型其中一种才对,为什么会产生两种不同的神经传递效果呢?再者,神经生理学家观察到信息在细胞之间传递时,会出现明显的延迟现象。如果真的是以电子信号作为细胞间的传递方式,应该不会出现明显的延迟才对。鉴于此,谢灵顿于1897年正式提出了"突触"这个概念,认为突触是神经细胞之间相互传递信息的一个调控关键,而且很可能是通过化学方式进行调控。

到了1921年,生理学家奥托·勒维(Otto Loewi)终于在睡觉时梦到一个想法,并通过实验证实了化学突触的存在。一天晚上,勒维在梦中想到了一个验证化学突触存在的绝妙实验,他在半睡半醒之间,迷迷糊糊地在笔记本上写下实验的想法,然后就倒头继续呼呼大睡。隔天起床,他兴高采烈地准备动手做实验,却发现自己看不懂昨晚胡乱记下的笔记内容。勒维懊悔不已,没想到,当天晚上他竟然又做了一模一样的梦。这一次,他没有再错失良机,趁着梦中的想法依然清晰,直接冲到实验室里进行实验。

他的实验方法非常简单明确,就是取出两只青蛙的心脏,然后把依然跳动的心脏放在生理盐水中。其中一颗心脏依然带有迷走神经,另一颗心脏则没有。勒维通过电流刺激带有迷走神经的心脏,使其跳动变慢,然后取出该心脏周围的液体并施加在另外一颗心脏上。结果发现,另一颗心脏的跳动也变慢了。由此可知,应该是第一颗心脏受刺激后产生了某种化学物质,由于这种化学物质流入了第一颗心脏周围的生理盐水中,因此当这些生理盐水接触到第二颗心脏时,第二颗心脏的跳动才会变慢。这就是著名的"双蛙心灌流实验",它证实了化学突触的存在。不过,一直到1954年,突触才真正第一次被人们在电子显微镜下观察到。

实验中,迷走神经末梢释放出来的物质,勒维将其命名为"迷走神经素",这就是我们现在熟知的神经递质。但它究竟是什么呢?接下来的五年,勒维一直在努力地探索,直到1926年,他才用各种方法证实,这种"迷走神经素"就是乙酰胆碱。1929年,英国伦敦皇家医学研究所戴尔(Henry Hallett Dale)爵士在牛和马的脾脏提取液中发现了一种物质,其药理作用和化学性质与乙酰胆碱非常相似,戴尔预测这就是乙酰胆碱,是动物机体内的一个正常组成部分。1932年我国生理学家张锡钧与英国盖得姆(J. H. Gaddum)爵士合作发明了用蛙的腹直肌定量测定乙酰胆碱的方法,由此人们才验证了牛、马脾脏提取液中的物质就是乙酰胆碱,戴尔的预测得到证实。1936年12月12日,戴尔和勒维由于研究神经冲动化学传递方面的出色成就获得了该年度诺贝尔生理学或医学奖。

乙酰胆碱的发现拉开了神经递质发现的序幕,随后人们又陆续发现了去甲肾上腺素、5-羟色胺、γ-氨基丁酸、甘氨酸、谷氨酸等多种神经递质,从而极大地促进了生物化学,尤其是神经化学的发展。

【素材出处】

房芳,韩菲,鲁亚平:《乙酰胆碱作为化学突触递质的发现简史》,《中学生物学》,2016(9):3-4。(根据以上文献整理)

【案例点评】

本案例主要包含以下思政元素。

(1)非理性因素在认识中的作用。勒维从梦中得到"双蛙心灌流实验"灵感,从而发现乙酰胆碱的传奇故事,是科学史上著名的四个梦境故事之一,体现了非理性因素在认识过程中的重要作用。认识活动是一个复杂的运动过程,无论在感性认识中还是在理性认识中,都有非理性因素的作用。非理性因素主要是指认识主体的情感和意志。从广义上看,非理性因素还包括认识能力中具有不自觉、非逻辑性等特点的认识形式,如联想、想象、猜测、直觉、顿悟、灵感等。勒维之所以可以从梦中得到灵感,是因为非理性因素可以对人的认识活动和认识能力的发挥起到激活、驱动的作用,但这种非理性因素的作用在长期艰辛的理性工作之后才能发挥。

（2）创新思维。在很多人都相信"电传递假说"时，雷蒙德提出了不同的主张，谢灵顿也对"电传递假说"提出了质疑，并提出"突触"概念，勒维更是用巧妙的实验证实了突触的存在。他们不盲从，努力追求事物的本质。正是这种创新思维，推动了科学的发展。

【教学建议】

本案例可用于《马克思主义基本原理》第二章第一节"认识的本质与过程"部分"非理性因素"相关内容的辅助教学；也可用于《思想道德与法治》第三章第三节"让改革创新成为青春远航的动力"部分"创新"相关内容的辅助教学。

（隆娟　尉迟光斌）

8 青霉素的发明

【案例呈现】

青霉素的发现者是亚历山大·弗莱明（Alexander Fleming）。1881年，弗莱明出生于苏格兰西部洛克菲尔德的一个农民家庭，一本《生理学基础》使年幼的他对医学产生了浓厚的兴趣。但因为家庭贫穷，他不得不进入苏格兰军团服役。20岁那年，弗莱明意外继承了一笔来自亲戚的遗产。通过考试，他凭借第一名的成绩进入圣玛丽医学院学习。弗莱明优异的表现吸引了年轻助教弗里曼的关注，经他推荐，弗莱明为著名的防疫学教授赖特担任实验助手，转而研究细菌学。也许，全人类都应该为弗莱明的这一决定感到庆幸。

1928年的一天，弗莱明偶然间发现一批接种了金黄色葡萄球菌的培养皿因为没有及时处理，长出了青色霉菌。在青色霉菌周围，葡萄球菌竟然消失了，而青色霉菌以外的葡萄球菌依然生长旺盛。弗莱明马上敏感地意识到，一定是青色霉菌分泌了某种物质，从而抑制了葡萄球菌的生长。通过实验，他很快发现具有杀菌作用的是特定青霉菌的变种——过滤后的青霉菌培养液不仅能杀死葡萄球菌，还能杀死链球菌、白喉杆菌等多种病原菌。更令他兴奋的是，这种具有很强杀菌能力的物质对实验动物不会造成任何损害，他将这种杀菌物质叫作"盘尼西林"。1929年，弗莱明发表了那篇著名的论文——《关于霉菌培养的杀菌作用》。

发现青霉素之后，弗莱明着手进行提纯工作，然而这项工作困难重重。首先，青霉素的产量非常低——为了得到一小瓶澄清的滤液，弗莱明和他的助手们不得不过滤几十千克培养液；其次，青霉素的性质极不稳定，一遇热就失活。因此，青霉素研究看起来前景黯淡。因为没有人支持，弗莱明只能自筹经费坚持研究，但进展甚微。一直到1932年，弗莱明坚持不下去了，转而研究在当时看起来更有价值的药物——磺胺。

因为第二次世界大战，青霉素在被搁置8年后重新被人提起。在各国都急需战争药品的情况下，牛津大学的弗洛里（Howard Walter Florey）和钱恩（Ernst Boris Chain）开始探索强力的杀菌物质。他们查到了1929年弗莱明的那篇文章，并决定用新的方法提纯。擅长化学的钱恩经过反复试验，通过冷冻干燥将青霉素水溶剂的温度降低，成功萃取了褐色的青霉素粉末。这种粉末不仅化学性质十分稳定，其抗菌能力比当时最强的磺胺还高20倍。1940年，青霉素的动物实验和临床实验都成功了，为此，年近60岁的弗莱明还登门致谢，感谢这两位年轻人为青霉素的诞生发挥了临门一脚的作用。

当时英国陷入不列颠空战,在纳粹的威胁下,青霉素生产显得岌岌可危。于是,青霉素被带到了反法西斯同盟国之一的美国,以保证大规模生产。它在临床应用中把肺炎患者的死亡率从过去的18%一次性降到了1%。在见识过青霉素的威力之后,美国人在1942年就把青霉素生产提到了战时重要生产的第二位,而排名第一位的是制造原子弹的"曼哈顿工程"。1943年,弗洛里和美国军方签订了青霉素生产合同,它让无数原本需要截肢或可能死于坏疽的士兵重返战场,迅速扭转了战局。1944年,青霉素的供应量已经足够治疗二战期间所有参战的盟军士兵。

作为世纪神药,青霉素的发明是人类在战胜感染性疾病方面取得的里程碑式进展。1945年10月,弗莱明、弗洛里和钱恩共同获得了诺贝尔生理学或医学奖,他们的获奖理由是:发现青霉素及其对各种传染病的疗效。这是二战期间与原子弹、雷达相提并论的三项重大发明之一。值得一提的是,无论是弗莱明还是弗洛里,他们都没有为青霉素申请专利。弗莱明说:"为了我自己和一家人的荣华富贵,而有意或无意地去危害无数人的生命,我不忍心。"弗洛里则说:"我认为知识和科学发现本应为人类所共享,申请专利只会影响青霉素的总产量。"

【素材出处】

谭昭麟:《青霉素传奇》,《食品与健康》,2020(10):18-20;《弗莱明的故事》,《中国科技奖励》,2020(2):77-78。(根据以上文献整理)

【案例点评】

弗莱明等人发明青霉素的事迹包含以下思政元素。

(1)创新能力。创新是推动人类社会发展的重要力量。青霉素的发现是创新,青霉素的提纯也是创新。青霉素的应用标志着人类从此进入抗生素时代,体现着创新能力在医疗技术发展过程中的重要作用。

(2)必然与偶然。"机会总是留给有准备的人",弗莱明发现青霉素的过程看似偶然,实则与他认真、细致的工作态度是分不开的,体现了马克思主义哲学中"没有脱离必然的偶然"这一观点。同时,偶然获得的感性认识还必须运用理性思维进行加工,使其上升为理性认识,并通过实践检验后才能成为科学结论,这体现着科学认识活动的本质和规律。

(3)资本主义制度对生产力发展的阻碍作用。青霉素对各种感染性疾病有很好的疗效,经济利润巨大,而弗莱明和弗洛里拒绝申请专利,因为"申请专利只会影响青霉素的总产量",在他们眼中,人类的利益比个人名利重要得多,充分体现了他们高尚的人格与道德情操。然而这在资本主义制度下并不是普遍行为,更多的知识发现者会使用专利等知识产权保护措施来限制知识的使用,以保障少数人的高额利润而不是大部分人的福祉,发达资本主义国家更是凭借先发优势,利用知识产权和信息技术垄断,大肆制造"信息鸿沟""数字鸿沟""技术鸿沟",体现了资本主义制度对生产力发展的阻碍作用。

【教学建议】

本案例可用于《思想道德与法治》第三章第三节"让改革创新成为青春远航的动力"部分的辅助教学;亦可用于《马克思主义基本原理》第一章第二节"联系和发展的基本环节"之"必然与偶然"部分、第二章第一节"认识的本质与过程"部分,以及第五章第二节"当代资本主义变化的新特征"部分的辅助教学,可配合电影《我不是药神》片段使用。

(隆娟　高志婕)

9 中国人的伤痛,人类的耻辱——日本 731 部队的活体实验

【案例呈现】

2021 年 6 月 4 日,侵华日军第七三一部队罪证陈列馆给中国历史研究院官方微博提供了珍贵的日文"蒸干实验"原文罪证,731 部队对中国人进行"蒸干实验",铁证如山! 该资料出自日本作家森村诚一的著作《恶魔的饱食——日本细菌战部队揭秘》,森村诚一在采访日本老兵时,发现了日本 731 部队在中国的犯罪事实。此后,他多次在中国和日本调查取证,编写了《恶魔的饱食——日本细菌战部队揭秘》,在日本引起了强烈反响。

所谓"蒸干实验",是将活着的"马鲁太"(又名"马路人",是 731 部队对被迫接受人体实验的受害者的侮辱性称呼,在日语中意为"圆木",引申意思为"实验品")绑在椅子上,然后再放进高温干燥室里。"随着时间的流逝,'马鲁太'体内的水分一点点地都被烤干了。不到 15 个小时,'马鲁太'体内再没有一点水分可以渗出来……变成了一具干巴巴的木乃伊……把它放在秤上一称,干尸的重量,只有活着时的 22%……实验证明,人体内含有的水分为 78%。"

731 部队的恶行,是日本法西斯阴谋发动细菌战、进行种族灭绝的主要罪证之一。其中的非人实验包括人体活体解剖、手榴弹炸人、冻伤、火焰喷射器烤人、鼠疫、人畜杂交等,其罪状数不胜数。

在简陋的解剖室里,他们从活着的人身体中掏出五脏六腑做成"标本",最后将这些新鲜的内脏分发到各个班——这些内脏已经被各个研究班提前预订了。活体解剖,大致有两个目的:第一个目的是采集标本,人患传染病时,心脏是否会肥大,肝脏是否会变色,在人活着的时候,查明各个部分的变化情况,解剖活体是最"理想的"方法;第二个目的是研究"马鲁太"服用一种药物后,随着时间的推移,与此有关的内脏发生的各种变化。无数无辜的中国人被当成实验品肆意解剖,甚至连婴儿都无法逃过。1943 年的某一天,他们把一名中国少年带进了解剖室,这个少年并没有抗日的行为,解剖他只是为了取得一个健康的男少年的内脏,因此,这个少年就活活地被解剖了。

731 部队把所有研究出来的细菌都用在活人身上,包括梅毒、淋病、伤寒、鼠疫等,都是高传染性和高危害的疾病。为了研究细菌对不同人群的效果,731 部队还用孩子做实验,无数的孩子因此丧命。京都大学教授田部井和研发出了细菌炸弹,并开始研究如何造成大规模感染,每次实验都需要用 10 名以上的囚犯。

为了研究冷冻对人体的伤害,731部队的吉村寿人做了活人冷冻实验。吉村寿人对不同民族的人进行过冷冻实验,同样也对100多名旅满日本学生(18岁至28岁)和中国劳工进行过活体实验。为了对不同年龄层的差别进行调查,他对7岁至14岁的中国小学生也进行过活体实验。

梅毒等性传染疾病对军队的杀伤力非常大,731部队经常进行性病实验。他们强迫受害者通过性途径传播病毒,受害者被感染后,在不同阶段被活体解剖,从而随着疾病的进展可以观察到内部和外部器官。

更令人气愤的是,731部队的核心人物并不是军人,而是知识精英。几乎所有的日本顶级学府都向731部队输送过人才,因为能拿到巨额报酬。日本帝国主义在中国犯下的滔天罪行罄竹难书,给中国人民带来巨大的灾难和伤害,日本的知识分子罔顾人伦,与禽兽无异,这是人类历史上的奇耻大辱。铭记历史,才能避免历史重演。

【素材出处】

观察者网:《日本原文罪证披露731部队惨无人道的"人体蒸干实验"》,2021-06-06,http://www.yidianzixun.com/article/0UrcijaB。(根据以上资料整理)

【案例点评】

本案例包含以下思政元素。

(1)家国情怀。"覆巢之下,安有完卵?"一个国家处于侵略者的铁蹄之下,她的人民必然会被奴役、被践踏、被蹂躏。通过让学生了解731部队的罪行,回顾和牢记日本侵华的血腥、恐怖和惨绝人寰;帮助学生了解近代中国外敌入侵,造成中国国破山河碎、遍地起狼烟的屈辱历史;更可以使学生意识到我们只有发愤图强、努力学习、报效祖国,才能把祖国建设得更加强大,从而避免重蹈覆辙。

(2)职业道德。《思想道德与法治(2023年版)》中指出:职业道德是指从事一定职业的人在职业生活中应当遵循的具有职业特征的道德要求和行为准则。医生这一职业从诞生之日起,就与关爱生命、救死扶伤的职业道德密切联系在一起。731部队的核心人物为日本的知识精英,他们为取得巨额报酬不惜亵渎科学尊严、践踏人道底线,犯下累累罪行,严重违背了医务人员的职业道德。

(3)追求真理尺度与价值尺度的统一。成功的实践应该是真理与价值的统一,是合规律性和合目的性的统一。日本的医学精英打着"研究"的幌子,用中国人做活体实验,严重违背人道和伦理,严重违背实践的价值尺度,因此是完完全全的反人类罪行。日本的这种实验不是追求真理的活动,而是整个人类医学史上的耻辱。

【教学建议】

本案例可以用于《中国近现代史纲要》第六章第一节"日本发动企图灭亡中国的侵略战争"部分的辅助教学,在讲述残暴的殖民统治和中华民族的深重灾难时作为例证素材使用;也可用于《毛泽东思想和中国特色社会主义理论体系概论》第二章第一节"新民主主义革命理论形成的依据"之"近代中国国情和中国革命的时代特征"部分的辅助教学;也可用作《思想道德与法治》第三章第一节"弘扬以爱国主义为核心的民族精神"部分、第五章第三节"恪守职业道德"部分的案例素材;还可以用于《马克思主义基本原理》第二章第二节"真理与价值"部分的辅助教学,可配合电影《黑太阳731》片段使用。

(高志婕 姚小飞)

10 中国人工合成牛胰岛素

【案例呈现】

人和动物的胰脏内有一种呈岛形分布的细胞,分泌的激素叫胰岛素,具有降低血糖和调节体内糖类代谢的功能。胰岛素的分子具有蛋白质所特有的结构特征,被公认为典型的蛋白质。蛋白质是生命体内不可缺少的物质,人体内蛋白质约占三分之一,其总量仅次于水。生命活动主要靠蛋白质来体现,因此,蛋白质研究一直被喻为破解生命之谜的关键点,而攻克人工合成蛋白质成为各国科学家的一个重要研究课题。1953年,英国生物化学家桑格(Frederick Sanger)宣称破译出牛胰岛素的全部结构——由17种、51个氨基酸组成的两条多肽链。这是人类第一次搞清楚一种重要蛋白质分子的全部结构,他因此获得1958年的诺贝尔化学奖。

我国的牛胰岛素研制工作始于1958年8月。当时中国没有任何蛋白质合成的经验,连胰岛素配套的17种氨基酸都需要进口。欧美国家对我们进行了封锁,苏联也因为中苏关系恶化撤走援华专家,一切都要从零开始。科学家们克服重重困难,进行了艰苦的创造性的研究。1958年12月底,人工合成牛胰岛素项目正式启动,上海生物化学研究所、中国科学院上海有机化学研究所、北京大学化学系有机化学教研室合作开展研究。几个单位分工,各自带领一批人分头探路。

胰岛素分子由A、B两条链组成,A链有21个氨基酸,两条链通过两个二硫键连接在一起。胰岛素分子还具有空间结构,可以整齐地排列起来形成肉眼可见的结晶体。人工合成牛胰岛素,首先要把氨基酸按照一定的顺序连接起来,分别组成A链、B链,然后把两条链连接在一起,这是一项复杂而艰巨的工作。按照分工,中国科学院上海有机化学研究所和北京大学化学系有机化学教研室负责合成A链,上海生物化学研究所负责合成B链,并且在周密研究的基础上确立了合成牛胰岛素的程序。然而,当时普遍存在的急于求成的心理和三年自然灾害都对研究的开展产生了不利影响,大兵团合作告一段落。

1963年,中科院再次开始这项研究,并且将研究人员精简到20多人。在以后的几年里,20多位科学家废寝忘食、夜以继日地工作。他们不断总结经验,发扬团队协作的精神,在经历600多次失败,经过200多步的化学合成后,1965年9月17日,世界上首批人工合成的结晶牛胰岛素,在新中国科学家的手中诞生了。同年11月,牛胰岛素人工合成科研成果顺利通过了国家科学技术委员会的鉴定,这是世界上第一个人工合成的蛋白质,标志着人类在认识生命、探索生命奥秘的征途中,迈出了关键性的一步。1966年12月24日,《人民日报》发表社论,宣布"我国在世界上第一次人工合成结晶胰岛素"。这项重要成果轰动了全世界,获得了国际同行的一致认可。

这一成果促进了生命科学的发展,开辟了用人工合成方法研究蛋白质结构与功能的新阶段,推动了我国胰岛素分子空间结构和作用原理的研究,使我国的胰岛素研究形成了具有中国特色的体系,并培养了一批优秀的蛋白质和多肽研究人才。成功合成牛胰岛素也为我国蛋白质的实际应用开辟了广阔的前景,为多肽合成的制药工业打下了坚实的基础。至今,胰岛素一直作为治疗糖尿病的特效药被广泛应用。1979年,我国人工合成牛胰岛素研究集体的代表钮经义曾被杨振宁等科学家推荐为诺贝尔化学奖的候选人,1982年,这项研究成果获得国家自然科学一等奖。

【素材出处】

陈禹:《世界首例人工合成牛胰岛素纪事》,《档案春秋》,2019(4):7-9。(根据以上文献整理)

【案例点评】

中国人工合成牛胰岛素的历程包含以下思政元素。

(1)独立自主。独立自主是毛泽东思想活的灵魂之一,贯穿于毛泽东思想的始终。《毛泽东思想和中国特色社会主义理论体系概论(2023年版)》中指出:中国共产党在领导革命、建设、改革的长期实践中,历来坚持独立自主开拓前进道路,这种独立自主的探索和实践精神,这种坚持走自己的路的坚定信心和决心,是我们党全部理论和实践的立足点,也是党和人民事业不断从胜利走向胜利的根本保证。我国科研人员在没有任何外援的情况下,经历无数次失败,取得了一次次重大突破,最终在世界上首次合成结晶牛胰岛素,在生物化学领域产生了重大的世界影响,增强了民族自尊心和自信心,体现了中国人民独立自主建设国家的气魄与能力。

(2)爱国主义。在各项条件都非常艰苦的年代,我国科研人员在零基础的情况下,废寝忘食、夜以继日地工作,这种勇攀高峰的勇气和艰苦奋斗的精神源于科研人员的爱国主义情怀和社会责任感。

(3)制度优势。把国内最顶尖的专业人才集中起来进行科学攻关并很快取得成功,这体现了集中力量办大事、造福于民的制度优势。

(4)艰苦奋斗。在经历600多次失败,经过200多步的化学合成后,科学家们才成功合成牛胰岛素,充分体现了他们百折不挠的意志和艰苦奋斗的精神,也说明了科学研究的艰巨性。

(5)正确发挥主观能动性。尊重客观规律是正确发挥主观能动性的前提,在研究过程中,一度因为急于求成的心理对研究产生了不利影响,是因为这种做法只注重主观意志,而没有尊重事物发展的客观规律,成功的实践是合规律性与合目的性的统一,因此在实践中一定要尊重客观规律,从实际出发,不可罔顾事实,只凭主观意愿行事。

【教学建议】

本案例可用作《毛泽东思想和中国特色社会主义理论体系概论》第一章第二节"毛泽东思想的主要内容和活的灵魂"之"独立自主"部分的案例素材;也可用作《中国近现代史纲要》第八章第五节"全面建设社会主义的成就"部分的案例素材;也可用于《马克思主义基本原理》第一章第一节"主观能动性和客观规律性的辩证统一"部分的辅助教学;还可用于《思想道德与法治》第三章第一节"弘扬以爱国主义为核心的民族精神"部分的辅助教学及相关考核。

(隆娟　尉迟光斌)

11 中国器官移植"第一例"背后的故事

【案例呈现】

器官移植的历史并不长,1954年,美国人完成了世界上首例肾脏移植手术,捐献者和接受者是一对同卵双胞胎,移植肾脏后患者存活了8年,这被视为现代器官移植的开端。1963年,美国医生开展了首例肝移植、肺移植;1966年,首例胰腺移植成功。1967年,南非完成了世界上首例心脏移植;1968年,美国进行了首例心肺联合移植。直到20世纪70年代,能够抑制身体攻击外来器官的药物——环孢素被研制出来以后,器官移植才成为常规疗法。在我国,器官移植起步较晚,1977年,中国第一例肝移植手术诞生在瑞金医院;1978年,中国首例心脏移植再次诞生在瑞金医院。

机会总是青睐有准备的人。20世纪50年代,瑞金医院已经开展了血管移植手术;60年代初期,裘法祖团队在经历多次失败后获得了狗的异体移植实验的成功,瑞金医院向裘法祖学习经验,后来创新性地进行了肝脏移植动物实验,接受移植手术的狗术后存活时间超过5天,能吃能活动,接近世界先进水平;60年代中期,该医院已具备开展肝移植和心脏移植的科学基础和技术储备。1977年7月,该医院恢复了动物实验与文献准备。负责人林言箴带领团队夜以继日地收集、分析外国器官移植资料,学习经验。另外,考虑到手术需要取肝、灌注、接肝、麻醉以及后勤等部门的配合,团队被扩充到50多人。两个多月的时间里,团队进行了20多次动物实验和2次联合实战演习,以保证动物实验能够顺利地过渡到临床实验。

1977年10月,瑞金医院对一名具有肝移植适应证的患者实施了中国首例肝移植手术。没有冰箱,护士们用木箱和冰块做成"土冰箱";没有显微镜和血管缝针,医生就凭着肉眼进行丝线缝合;为了防止感染,医生们在高压氧舱搭建临时病房。手术顺利完成之后患者接受免疫抑制剂、止血、抗生素、胰岛素、补充凝血因子、抗感染、蓝光照射等治疗,以及针对排异反应的抗排异治疗和针对消化道出血的治疗。手术后,患者存活了54天,这在当时已经处于世界领先水平,因为国外的肝移植手术患者最多只存活了23天。1978年,瑞金医院又连续完成了3例肝移植,均获得圆满成功,患者术后生存期分别为139天、200天和261天。

同样,在几乎没有国际交流机会的情况下,瑞金医院又开始了心脏移植的准备工作。凭借着查阅资料和动物实验,团队摸索出一套保证供心质量的关键性措施,并且改进和制造了无齿持线钳、心内活检钳等10多种器械及设备。1978年4月21日,团队完成了中国第一例人类同种原位心脏移植手术,这也是亚洲第一例心脏移植手术。克服了术后休克、排异反应、细菌感染等难关后,患者慢慢恢复到能行走、自主生活的状态,最终存活109天,大大超过了预期。

进入21世纪,瑞金医院的移植团队又开始挑战劈离式肝移植,就是将一个完整的供肝按照解剖结构分成两半,分别移植到两个患者身上。这种移植方法会增加手术难度,因为医生们需要整理和建立起两套各自独立的动脉、静脉和胆道系统,但它是缓解供肝缺乏的有效方法。2002年,瑞金医院进行了国内首次劈离式肝移植尝试,最终获得成功,一个肝源挽救了两个生命。这是该医院在肝移植领域写下的又一项第一。之后,这支团队又完成了好几个中国器官移植的"第一例":2004年初,成功实施国内首例肝脏小肠联合移植手术;同年12月,一位38岁的女患者接受了腹腔七个器官的联合切取和移植手术,填补了国内乃至亚洲全腹腔多器官簇联合移植领域的空白,术后第一天患者就撤了呼吸机,第六天就能自己喝水。

2007年12月,该团队为一名15岁的女患者实施了"两供一受"肝移植手术。根据她的情况,需要一枚不少于950克的移植肝,但中国人的肝脏一般只有1000～1200克,按照传统技术,由亲属捐献肝脏的活体肝移植无法实现,等待自愿捐献的肝脏也遥遥无期。为了挽救患者生命,瑞金医院将患者45岁的父亲的左半肝和43岁的母亲的右半肝这两块健康肝组织移植到患者体内。这一次肝移植,涉及三个手术,37位医护人员守护在手术室17个小时后,手术获得圆满成功。"两供一受"手术难度大,排异反应更严重,当时能够实施的国家不超过5个。

今天,中国器官移植手术量仅次于美国,2015年,中国就完成了10 057例器官移植手术。这项手术的成熟,给身处绝境的患者带来了生的希望。中国能在这个领域走在世界前列,是建立在40多年前第一代器官移植探索者大胆尝试的基础上的。瑞金医院器官移植团队在中国器官移植历史上写下了浓墨重彩的一笔。

【素材出处】

朱凡,杨秋蒙:《中国器官移植"第一例"背后的故事》,《新民周刊》,2017(40):38-41。(根据以上文献整理)

【案例点评】

瑞金医院器官移植的发展历程包含以下思政元素。

(1)独立自主。器官移植技术首先出现在西方发达国家,但我国的医务人员在几乎没有国际交流机会的情况下,靠着查阅资料和动物实验,独立自主地取得了多项原创性技术创新,开创了国内乃至亚洲器官移植手术的多个第一,而且在这个领域逐步走到世界前列,足以令人骄傲和自豪。

(2)爱国主义。没有条件,创造条件也要掌握器官移植技术。该团队不想我国在这项技术上受制于人,希望凭借自己的力量给患者带去生的希望,这种强烈的愿望源于对国家和人民的热爱,体现着以爱国主义为核心的民族精神。

(3)艰苦奋斗。瑞金医院的医疗团队在条件十分艰苦的情况下进行研究,遇到诸多困难、挫折,但他们自强不息、百折不挠,终于掌握器官移植技术并获得手术的成功,这是艰苦奋斗精神的最佳写照。艰苦奋斗是我们的传家宝,我们的国家,我们的民族,从积贫积弱一步一步走到今天的发展繁荣,靠的就是一代又一代人的顽强拼搏,靠的就是中华民族自强不息的奋斗精神。在实现中华民族伟大复兴的新征程上,必然会有艰巨繁重的任务,必然会有艰难险阻甚至惊涛骇浪,特别需要当代青年发扬艰苦奋斗精神。

(4)创新精神。该团队自己制造和改进多种器械和设备,开创性地完成劈离式和"两供一受"等高难度肝脏移植手术,体现了医学创新对人类社会进步的重要意义。

【教学建议】

本案例可用作《毛泽东思想和中国特色社会主义理论体系概论》第一章第二节"毛泽东思想的主要内容和活的灵魂"之"独立自主"部分的案例素材;也可用于《思想道德与法治》第三章第一节"弘扬以爱国主义为核心的民族精神"部分、第二章第三节"艰苦奋斗是实现理想的重要条件"部分的辅助教学及相关考核。

(隆娟　高志婕)

12　20世纪50年代的爱国卫生运动

【案例呈现】

中国共产党历来重视卫生健康事业,特别是新中国成立后,更是把卫生、防疫和医疗作为政府的责任和领导干部的职责。70多年来,在党的领导下,爱国卫生运动坚持以人民健康为中心,坚持预防为主,为改变城乡环境卫生面貌、有效应对重大传染病疫情、提升社会健康治理水平发挥了重要作用。但"卫生"前面为何冠以崇高的"爱国"二字?

一、抗美援朝战争使卫生与"爱国"连在一起

1951年9月9日,毛泽东主席对贺诚上报中央的《二十一个月来全国防疫工作的综合报告》作出批示:"今后必须把卫生、防疫和一般医疗工作看作一项重大的政治任务,极力发展这项工作。"这是新中国成立后毛主席对卫生工作亲自拟稿批转的第一个文件,为新中国的卫生工作给出了明确定位,也为此后的爱国卫生运动奠定了思想理论基础。而将卫生健康运动与"爱国"结合在一起,使其发展为之后的爱国卫生运动,则源于1952年的抗美援朝战争。

1952年1月,美军不顾国际公约,在雪花飞舞的冬季向志愿军阵地低空投射苍蝇、跳蚤、蜘蛛等带有病菌的昆虫。随后又在我国的抚顺、青岛等地,投撒了大量带有细菌的昆虫和毒物,企图以此残害中朝人民,从根本上削弱中朝军民的战斗力。志愿军在中央领导下迅速开始了反细菌战防疫工作。

1952年3月1日,志愿军成立了以邓华为主任的总防疫委员会。随后,各军、师、团成立了防疫委员会,各营、连成立了防疫小组,纷纷进行环境消毒,搞好个人卫生,控制水源,消除垃圾,捕灭老鼠、苍蝇、蚊子、跳蚤、蜘蛛等。紧随志愿军部队,全国各地迅速掀起"除四害"运动。无论是运动规模,还是参加人数,这次普遍性的群众性卫生运动达到新的高潮,并取得空前成效,城乡卫生面貌有了不同程度的改观。

由于这场群众性的卫生防疫运动是为了粉碎美国的细菌战而发动的,是一项保家卫国的政治任务,是在崇高的爱国主义精神的指引下开展的,所以它被人民群众称为爱国卫生运动,并很快得到了党中央的认同。1952年3月24日《人民日报》发表文章,首次使用了"爱国的卫生防疫运动"一词。

1956年,中共中央把"除四害、讲卫生"列入《1956年到1967年全国农业发展

纲要》。1958年，毛泽东起草了《中央关于在全国开展以除四害为中心的爱国卫生运动的通知》，爱国卫生运动再掀高潮。

二、爱国卫生运动使卫生健康生活成为习惯

爱国卫生运动作为一种利国利民的卫生工作方式，延续至今，它带来的种种变化，今天依然能从我们生活的方方面面发现端倪。

喝开水。烧开水，这种最简便的饮用水消毒办法，其实古已有之，但是将其推而广之，使其形成全民习惯，正是受到1952年爱国卫生运动影响。

新中国成立初期，由于兴办自来水厂投资大、河湖水消毒难度大，人们饮用最多的是未经消毒的河水、井水、湖水，有的地方甚至淘米、洗菜、刷马桶都在一条河里。长此以往，抵抗力弱的人群染上痢疾等肠道传染病也就不足为奇。

1952年深入广泛的爱国卫生运动，使喝热水的习惯覆盖全国，与此同时，保温瓶也得到了进一步推广。20世纪80年代，随着更多自来水厂的修建，工厂、机关、学校等地实行免费开水供应，喝热水成为人民群众的生活习惯。

人畜粪便管理纳入日常。新中国成立前，虽然有茅厕，但数量少，一些比较偏僻的地方就成了理所当然的大小便场所。经过1952年的爱国卫生运动，人畜粪便管理受到重视。

在农村，要求做好人畜粪便的管理和利用，最基本的要求是做到人有厕所、牛马有栏，人畜不住在一处。在城市，修建公厕、整治户厕是重要举措，对于道路上的驴、马粪，要求拉车的牲口后面必须带个粪兜子。

同时，政府全面接管了过去控制城市粪业的私人"粪道"，取缔了"粪霸"，把晒粪场尽量迁到远离人群的偏远地方。掏粪工转变为新中国清洁工人队伍中的一员，受到全社会的尊重，他们掏粪时都尽可能做到不溅、不洒，减少粪便在流转过程中的遗洒。

人人动手"除四害"。最初"四害"是指苍蝇、蚊子、老鼠、麻雀，后从减少传播疾病的角度，"四害"最终被定为苍蝇、蚊子、老鼠、蟑螂。说起"除四害"的种种场景，亲历过的老一辈人都有难以忘却的记忆。手拿旗子、扫帚、毛巾吆喝着，或敲打锣鼓或敲打脸盆追赶麻雀。家家户户用开水灌老鼠洞，用六六粉熏蚊子，集体去厕所、菜场等场所捕灭苍蝇⋯⋯这场运动，留下的不仅是一代人的记忆，也给一个高度政治化的卫生制度贴上了鲜明的时代标签。之后，爱国卫生运动逐渐从其最高潮时的全民总动员，转变成人民日常生活中的一部分了。

【素材出处】

杨宁：《20世纪50年代的爱国卫生运动》，《共产党员（河北）》，2023(05)：55-

56。(有删改)

【案例点评】

爱国卫生运动包含的思政元素如下。

(1)巩固新生政权。抗美援朝战争是新中国成立后的第一场反侵略战争,对于中国人民来说,是一场不期而遇、被迫进行的战争,是一场同世界上头号军事强国决一雌雄的"非对称作战"。面对美军细菌战的威胁,党和政府出于国家安全的考虑,开展了爱国卫生运动,瓦解了美军削弱我军战斗力的企图,打破了美军不可战胜的神话,捍卫巩固了新生政权。这种精神对于我们今天打破以美国为首的西方国家在芯片等领域对中国实施的卡脖子图谋,依然有很强的借鉴启示意义。

(2)群众路线。爱国卫生运动广泛动员广大人民群众深入、持久、全面参与,是党把群众路线运用于卫生防病工作的伟大创举和成功实践,创造了卫生与健康的"中国奇迹",保障了人民群众的基本卫生需求。

(3)认识的过程。马克思主义认识论认为,从认识到实践的最后一个环节,是对人民群众进行组织和宣传,让理论为群众所掌握,并转化为改造世界的物质力量。爱国卫生运动引导广大人民群众主动学习健康知识,掌握健康技能,养成良好的个人卫生习惯,践行文明健康的生活方式,切实提高了人民群众健康水平。正如习近平所说,先进的思想文化一旦被群众掌握,就会转化为强大的物质力量;反之,落后的、错误的观念如果不破除,就会成为社会发展进步的桎梏。

【教学建议】

本案例可用于《中国近现代史纲要》第八章第一节"捍卫巩固新政权的斗争"部分的辅助教学;也可用于《毛泽东思想和中国特色社会主义理论体系概论》第一章第二节"毛泽东思想的主要内容和活的灵魂"之"群众路线"部分的辅助教学;还可以用作《马克思主义基本原理》第二章第一节"认识的本质与过程"部分的案例素材。

(高志婕　姚小飞)

13　同仁堂的社会主义改造

【案例呈现】

1953年至1956年,新中国用4年时间完成了三大改造。这是国家工业化战略的一个重要步骤。与农业改造、手工业改造一起,资本主义工商业改造的完成标志着我国基本形成了以社会主义公有制为基础的所有制。原同仁堂药店经理、支部书记李建勋作为亲历者为我们讲述了北京同仁堂公私合营前后的故事。

一、静观其变

李建勋是在同仁堂公私合营之前的1953年来到同仁堂的。1948年解放军围城打仗,当时的同仁堂虽然名气大,但是因为战争的缘故,销售量并不高。李建勋记得当时的统计显示,1948年同仁堂的年生产量为16万元(旧币),销售额只有30万元(旧币),销售情况并不太好。

众所周知,同仁堂是闻名全国的中药店,总店设在北京,创建于清朝康熙八年(1669年)。1948年底,同仁堂乐氏第十三代传人乐松生主事。此时,同仁堂资产约有80万元(旧币),职工190余人。

实际上,早在北平和平解放前夕,中国共产党的地下组织就把未来共产党对民族工商业的保护政策告诉乐家了,但是乐家人对政策将信将疑,乐松生为此还去了天津他自己名下的达仁堂担任副职,以静观北京的变化。

1948年就已经是同仁堂经理的乐松生能回到同仁堂主事,则缘于1950年同仁堂发生的一起劳资纠纷。请回乐松生以后,劳资双方的谈判才获得成功。

新中国成立初期,随着农业合作化高潮的来临,城市资本主义同农村的联系被割断,资本主义独立生存的条件已经失去,资本家第一次发现自己真正处于孤立无援的境地,他们开始意识到,工商业改造已是大势所趋。于是,他们当中的一些人开始对前途感到茫然,终日惶惶不安,甚至对生产已是无心过问了。在公私合营之前同仁堂也曾经是这样的状态,乐氏企业有好几家,都不好好经营企业,也不肯带头申请公私合营,同仁堂的发展一度停滞不前。

那时同仁堂虽然有190余名职工,但是做药的工人也就40多个,解放以后,尤其是1950年、1951年,政府不仅没有没收同仁堂的财产,反而加大了对民族资本家的扶持,帮助同仁堂和全国合作总社等签订了销售合同,40多个工人一下子就忙不过来了。

二、率先合营

1952年,时任北京市市长彭真来到同仁堂视察,由于中药原来只有丸、散、膏、丹四种形式,彭真希望国药也能搞搞创新,他建议同仁堂能够把中药片剂也研制出来。

为了避免损害同仁堂的利益,乐松生先以天津达仁堂的名义成立了国药研究所,并聘请了北京大学医学院教授郑启栋从事中药片剂研究。1953年,郑启栋带领学生们成功研制出了银翘解毒片、香连片、女金丹片和黄连上清片四种片剂,改变了中药没有片剂的历史。

那几年,在政府的扶植下,同仁堂的生产逐步发展起来,这可比同仁堂自己经营强多了。原来同仁堂经营讲究只此一家,别无分号,乐家的子女们所开的店都不能用同仁堂的名字。原来人手还能忙过来,可是大量的合同签订以后,工人们就不够用了。1953年,北京市工会组织就在北京市的其他药店里抽调了100余名表现积极的青年充实到同仁堂,这才让同仁堂的职工人数一下子增加到了280多人。李建勋那时在另一家药店工作,因为李建勋是共青团的积极分子,所以也一起来到了同仁堂。开始李建勋做"给药丸制造蜡皮"的工作,一年后调到了同仁堂的门市药店做保管员。

乐松生亲眼看到了共产党对民族资产阶级的保护,他对公私合营的事也变得积极起来了。于是他响应中国共产党的号召走社会主义道路。他也开始慢慢地说服自己的家里人接受公私合营。1954年,乐松生带头向国家递交了公私合营申请。

1954年8月27日,同仁堂公私合营大会召开,公私双方在协议书上签字。

同仁堂的工人们对公私合营感到非常高兴,因为他们感觉一下子解放了。原来同仁堂有一个规矩,就是招来的工人都要改名字,工人们虽然感觉受到了侮辱,但是没有办法。合营后工人们的名字恢复了,大家也都更积极地去做工了。

同仁堂合营后,推动了北京市其他私营工商业的合营。1955年初,彭真到同仁堂检查工作并会见了乐松生,肯定了他在公私合营中的表现。不久,毛泽东、周恩来在中南海接见了乐松生,毛泽东亲切地询问了乐松生的生活、工作和同仁堂生产情况,勉励他为国家医药事业多作贡献。周恩来转达了他的妻子邓颖超对乐松生的问候。邓颖超早年曾在天津达仁女子学校任教,而这所学校的创始人是乐松生的伯父乐达仁。

三、四马分肥

公私合营后的同仁堂,企业的性质发生了根本性的改变。同仁堂内部建立健全了党、政、工、团的领导组织,增建了企业的各项管理制度。国家还投资扩建厂房,增添生产设备,促进生产迅速发展。在管理上,破除了不适应当时生产力发展的经营方式,原来同仁堂是一厂一店,自己生产自己销售,生产面比较小。公私合营后,在国家的统一安排下,北京市别家店的药同仁堂也可以生产销售;同时在销售面上,也由一家一店自己销售,扩大到全国销售。

同时,在国家的扶持下,同仁堂像中国其他中药企业一样,彻底摆脱了手工作坊式的生产模式,简单的手工操作逐渐被机械化、半机械化的设备所替代。结果素以"质高价昂"知名于世的北京同仁堂成药,在公私合营后连续几次降价,成为质高价廉的产品,受到了广大人民群众的热烈欢迎。

1956年,同仁堂建立了工厂管理委员会,简称工管会,目的是对同仁堂实行企业民主管理。工管会只承担决策,而不是一个生产管理执行机构。工管会的建立,进一步完善了同仁堂的管理体制。

实行公私合营后,企业利润被分成国家所得税、企业公积金、工人福利费、资方红利四个部分,即所谓的"四马分肥",国家和工人所得占了大头。作为中国民族资本家的代表,同仁堂的乐氏家族经历过惶惶不安到主动接受的过程,但后来发现,"四马分肥"不但没有减少他们的收入,反而给他们带来了更高的红利,工人的收入亦因此翻了番。乐松生乐不可支:"原来担心合营会影响生产,没想到合营后业务发展这样好。"

公司效益好了,工人的收入亦翻了番。1953年1月,李建勋在同仁堂工作,月收入能买180斤小米。而"四马分肥"后,他的工资开到了每月62.5元,而当时的小米是每斤一毛三,他一个月的工资可以买480斤小米。收入只是一方面,公私合营后工人们有了"主人翁"的感觉,干劲十足。以前再怎么样也是给东家干活儿,公私合营后,他们就是给自己干活儿了。

有一组数据最能说明同仁堂公私合营以后的效果,1949年到1959年10年间,同仁堂的职工从194人增加到540人,其中460多人是纯工人,生产总值也从1948年的16万元增加到了1959年的1251万元。

公私合营以后乐松生的社会工作也多了起来,自己忙不过来,就聘请了乐益卿和同济堂的刘景玉做副经理,自己则抽出时间来做其他社会工作。

1955年,乐松生当选为北京市人大代表、市政协委员,后又出任北京市副市长。1956年1月15日,北京市各界举行庆祝社会主义改造胜利联欢大会,乐松生代表北京市工商界同业登上了天安门城楼,向毛泽东、刘少奇、周恩来等党和国家领导人报喜。

【素材出处】

李建勋:《民族工商业改造,老店同仁堂新生》,《中国经济周刊》,2019(18):35-37。(有删改)

【案例点评】

同仁堂的社会主义改造过程包含的思政元素如下。

(1)社会主义改造。同仁堂公私合营前后的变化,有力地证明了我国对资本主义工商业和平改造政策的正确性。正如后来邓小平所指出的,资本主义工商业社会主义改造胜利的取得,是由于中国共产党领导全体工人阶级执行了毛泽东同志根据我国情况制定的马克思主义政策,同时,资本家阶级中的进步分子和大多数人在接受改造方面也起了有益的配合作用。

(2)历史使命感。北京同仁堂乐松生经理能够正确认识世界和中国的发展大势,尊重并顺应历史的选择和人民的选择,向党和政府靠拢,赞成社会主义,宣传社会主义,走在资本主义工商业改造的前列,也从根本上改变了企业经营危急的状况,使企业走向新的发展起点,充分体现了他与历史同向、与祖国同行的历史使命感和时代责任感。

(3)一切从实际出发。过渡时期总路线的制定,是党依据新中国成立后经济、政治条件的新变化作出的重大决策,这一党的总路线、总任务及发展战略上的重大转变,是符合新中国社会发展的实际和规律的。当时中国的民族资本主义经济力量弱小,发展困难,不可能成为中国工业起飞的基础。要想改善经营管理,提高产品的质量,并且按照国家需要增加生产,培养技术人才,积累资金,就必须对这些企业逐步实行社会主义改造。

(4)实践创新与理论创新。以毛泽东为代表的中国共产党人创造性地开辟了一条适合中国特点的资本主义工商业改造的道路,并积累了丰富的经验和理论。如以和平的方式进行改造、用渐进的形式推进改造、社会主义工业化和社会主义改造并举、把对生产资料私有制的改造和对人的改造相结合等。这些新的经验和理论丰富和发展了马克思列宁主义,成为毛泽东思想的重要组成部分,这一过程体现着实践创新与理论创新的良性互动过程。

【教学建议】

本案例可用于《中国近现代史纲要》第八章第二节"党在过渡时期的总路线及其实施"之"改造资本主义工商业"部分的案例教学;也可用于《毛泽东思想和中国特色社会主义理论体系概论》第三章第二节"社会主义改造道路和历史经验"之

"资本主义工商业的社会主义改造"部分的案例教学;还可用于《马克思主义基本原理》第二章第三节"一切从实际出发,实事求是"及"坚持守正创新,实现理论创新和实践创新的良性互动"部分的辅助教学。

(高志婕　尉迟光斌)

14　我国血吸虫病的防治

【案例呈现】

日本血吸虫病,是日本血吸虫(*Schistosoma japonicum*)成虫寄生于人或哺乳动物的门静脉-肠系膜静脉系统,雌虫在肠黏膜下层静脉末梢内产卵引起的寄生虫病。血吸虫病被定义为我国的五大寄生虫病之一。该病严重危害人类健康,造成急性期患者肠黏膜溃疡、出血,出现腹痛腹泻、黏液脓血便或水样便等临床症状;在晚期导致患者干线型肝硬化,临床上出现肝脾肿大、门脉高压和其他综合征,极大地影响了社会和经济发展。作为一种重要的人畜共患病,除了人以外,还有40多种哺乳动物(尤其是耕牛)可以作为这种病的传染源,给防治工作造成极大困难。在我国湖南长沙马王堆汉墓出土的西汉女尸和湖北荆州凤凰山出土的男尸中均发现血吸虫卵,证明2000多年前我国即有血吸虫病的流行。在漫长的岁月中,血吸虫病肆无忌惮地横行于长江流域及其以南疫区,造成了"千村薜荔人遗矢,万户萧疏鬼唱歌"的悲惨景象,令人触目惊心。

新中国成立初期,我国血吸虫病流行严重,严重危害人民群众健康,影响社会秩序的稳定。同时,我国血吸虫病流行的疫区绝大部分是鱼米之乡,血吸虫病防治(下简称"血防")工作不仅直接关系到疫区群众的切身利益,也关系到整个国民经济的发展和全国人民的利益。因此,这一工作受到党和政府的高度重视。由于血吸虫病分布范围广,流行因素复杂,再加上经济条件和科技条件的限制,防治任务十分艰巨。

1955年,我国专门成立了中共中央血吸虫病防治领导小组,毛泽东主席亲临上海、杭州等地视察,鼓舞了疫区党政和群众战胜血吸虫病的信心和决心。当时采取领导、专家和基层血防干部三结合的方式,从1955年起每年出版《血吸虫病研究资料汇编》,1956年首次出版了具有指导性的《血吸虫病防治手册》,对全国开展大规模的流行病学调查研究和群众性的防治工作起到了促进作用。大批专家、科研人员深入现场,在短短几年内,基本上摸清了我国血吸虫病的分布范围、流行因素和流行规律。与此同时,家畜血防也开展了调查和防治工作。

以江西余江县(2018年改为余江区)为例,从1956年春至1957年冬,该县开展了轰轰烈烈的填旧沟、开新渠、灭钉螺、治病患运动。先后为灭螺填掉旧沟347条,全长19万余米,填土100多万方;开新沟119条,全长11.6万余米,挖土44万余方;扩大耕地面积532亩,改善灌溉面积1500多亩。他们还用铲草积肥、三光灭螺等多种方法,消灭屋基、墙脚、树蔸、石桥缝中的钉螺。经过两年苦战,余江县人民消灭了传染血吸虫病的祸根——钉螺。这是一场实实在在的"人民战争",将公共卫生运动与群众运动相结合,在防治血吸虫病的同时,修建了新的水利工程,一举两得。1958年6月余江县率先宣布消灭了血吸虫病,毛主席闻讯,欣然写下了《送瘟神》的光辉诗篇。到1959年2月中旬,全国有190多个县(市)达到了消灭或基本消灭血吸虫病的标准,并积累了丰富的防治经验。

20世纪60年代,全国范围内发起了将血防工作与"向湖滩要粮"的生产结合起来的群众运动,使血防工作继续深入。到80年代初,我国开始使用吡喹酮,血防工作又上一个新台阶。同时,我国对大湖洲滩和大山区的防治对策进行了探索,发现消灭传染源和易感地带消灭钉螺是一种比较好的对策。1985年,中共中央血吸虫病防治领导小组发布公告:至1984年底,全国已治愈血吸虫病病人一千一百多万,消灭钉螺面积一百一十多亿平方米,有七十六个县(市、区)消灭了血吸虫病,一百九十三个县(市、区)基本消灭了血吸虫病……到1985年底,我国原有的371个流行县(市)中有271个达到了消灭或基本消灭血吸虫病的标准,广东、上海、福建、广西四个地区基本消灭了血吸虫病。之所以能治愈这么多病人,关键措施之一就是重症者治疗全部免费;之所以能消灭这么多面积的钉螺,关键是发动数亿农民参与查螺、灭螺。余江县的刘金元,患血吸虫病后肚大如鼓,家人已为他准备了薄棺匣,但他却被救活了,还当上了大队支部书记,1977年当选为中共十一大代表。

20世纪80年代后期,由于当时的机构改革,以及社会经济体制和自然因素的变化,群众下湖的频率增高,导致湖区血吸虫病的回升。1989年,全国急性感染血吸虫病人数达到13 000余人。因此,1989年底,党中央在南昌召开会议,号召"全民齐动员,再次送瘟神"。1989年以后,国务院加强了对血防工作的领导,制定了防治规划,增加了投入,协调各方面的力量,提出"控制疫情、控制传播、阻断传播"的新策略,制定了防控和消灭血吸虫病的标准,改善了管理机制,引进世行贷款,并于1992年和1995年在各地建立了防治试点,取得了丰富的经验,浙江省于1995年宣布消灭了血吸虫病。

党中央和国务院坚持把人民的健康和安全放在首位,为确保有效控制血吸虫病流行目标的实现,2004年2月,国务院成立了血吸虫病防治工作领导小组,并下发了《国务院关于进一步加强血吸虫病防治工作的通知》,要求采取有效措施,遏制血吸虫病疫情。有关部委继续提出《全国预防控制血吸虫病中长期规划纲要(2004—2015年)》和《血吸虫病综合治理重点项目规划纲要(2004—2008年)》,对血吸虫病防治工作的重点进行了规划。2006年4月,国务院令第463号公布了《血吸虫病防治条例》,这是55年来血防工作经验的总结,也为今后的血防工作指明了方向。《血吸虫病防治条例》和血防中长期规划都强调,重点要加强对传染源的管理。这实际上是要以生态学的观点来解决社会与环境之间的复杂关系,协调人类社会与自然环境之间的和谐发展。这一时期,通过采取切断传染源、净化环境、封洲禁牧、加速控制传播等手段,我国的血防工作取得了明显效果。

坚持实施以传染源控制为主的血吸虫病综合防治策略的转变,大大加快了我国血防工作的进程。同时,党和国家在血防中长期规划中还提出了组织领导、经费保障、法规和政策保障、机构和人员保障、技术保障。2007年10月,国务院办公厅以特急明电通知疫区各省和有关部委,关于进一步做好血吸虫病传染源的控制工作,2008年起全面推广有螺地带禁牧措施,表明党中央、国务院像抗洪、抗灾一样关心血防工作。在党的领导下,血防工作必将走向最后的胜利。

【素材出处】

王溪云,邹慧,杨一兵,等:《中国血吸虫病防治策略的回顾与展望——庆祝建国60周年血防成就回顾》,《江西科学》,2009(6):871-876。(根据以上文献整理)

【案例点评】

我国血吸虫病防治历程包含了以下思政元素。

(1)人民立场。马克思主义具有鲜明的人民立场,人民性是马克思主义的鲜明品格。马克思主义以人的自由而全面发展为目标,全心全意为人民谋幸福。中国共产党作为在马克思主义理论指导下建立起来的政党,在我国血吸虫病防治的过程中充分展现了这一立场。

(2)群众路线。毛泽东思想活的灵魂的一个重要内容是群众路线,贯穿于毛泽东思想的始终。血防工作的开展充分体现了党的"群众路线"。从目的来说,是为了维护人民群众的健康,体现出群众路线的"一切为了群众";从过程来说,是一场广大群众广泛参与的群众运动,体现了"一切依靠群众";从方式来说,调研阶段大批专家、科研人员深入现场,摸清我国血吸虫病的分布范围、流行因素和流行规律,体现了防治方式"从群众中来",后期在各地发起的"血防"运动及其最终胜利,体现了"到群众中去"。

(3)制度优势。血吸虫病的重症患者全部免费治疗,发动数亿群众参与查螺、灭螺,取得了明显效果,体现了集中力量办大事的社会主义制度的优越性。

(4)家国情怀。为彻底防治血吸虫病等传染性疾病,一大批科学家抱着对新中国的赤诚之心和对人民健康的牵挂,在极其艰苦的条件下全身心投入寄生虫研究,为防治工作提供了科学依据。

【教学建议】

本案例可用于《马克思主义基本原理》导论"马克思主义的基本特征"部分、第三章第三节"人民群众在历史发展中的作用"部分的辅助教学;也可用作《毛泽东思想和中国特色社会主义理论体系概论》第一章第二节"毛泽东思想的主要内容和活的灵魂"之"群众路线"部分的案例素材,可将素材提供给学生自学,并请学生思考:血吸虫病的防治很困难,我国为什么能取得血防工作的显著效果?

(隆娟　高志婕)

15 二十世纪人类用药史的最大悲剧——反应停事件

【案例呈现】

反应停,又称沙利度胺。1953年,瑞士CIBA药厂为了开发新型抗菌药合成了沙利度胺,初步实验表明该药没有抗菌作用,而有镇静作用。1954年,德国的格兰泰公司(Grunenthal)开始着力研究沙利度胺的镇静催眠作用,发现该药能有效抑制女性孕早期的呕吐,于是在1957年将其作为镇静催眠剂上市。此药因疗效好而大受欢迎,很快就有14个药厂以"反应停"作为商品名在全球40多个国家销售,并随之展开了铺天盖地的夸大宣传,沙利度胺被描述成一种包治百病的"神奇药物",一时间风靡欧洲、非洲、澳大利亚和日本等地,仅德国一个月就能卖出一吨。

1961年,澳大利亚产科医生威廉·麦克布里德(William McBride)在《柳叶刀》上发表文章,指出反应停可致婴儿畸形,造成婴儿四肢短小,形如海豹,即我们常说的"海豹儿"。与此同时,德国汉堡大学的遗传学家兰兹(Widulind Lenz)也怀疑沙利度胺和"海豹儿"的关系,并开展了一些科学研究,从而把格兰泰公司告上法庭。1961年11月底,格兰泰公司迅速收回了市场上所有的反应停,这种药物不再允许销售,但已经造成了严重的后果:短短几年内有超过10 000例带有海豹肢畸形或相关异状的婴儿出生,还有大量的畸形儿胎死腹中。其危害之严重、受害者之多,前所未有,这就是震惊世界的"反应停事件"。

虽然沙利度胺上市时风靡全球,但有一个国家一直没有允许其上市,也因此躲过一劫,这就是美国。美国之所以如此幸运,得益于弗朗西斯·凯思琳·奥尔德姆·凯尔西(Frances Kathleen Oldham Kelsey)女士高超的专业造诣和高度的责任心。

1959年,野心勃勃的美国梅瑞公司(Richardson-Merrell)也急于将"反应停"推向美国市场,并于1960年向FDA(食品药品监督管理局)提出销售申请,接收该申请的正是刚到FDA任职一个月的凯尔西博士。凯尔西看了申请书,发现沙利度胺以治疗孕妇晨起呕吐和恶心为名申请上市,她怀疑该药会对孕妇有不良作用,影响胎儿发育。梅瑞公司辩称,他们已经研究了该药对怀孕大鼠和孕妇的影响,未发现问题。但凯尔西坚持要有更多、更长时间的研究数据证明该药真正安全后才能批准。凯尔西如此较真,是因为她于20世纪40年代研究过抗疟药奎宁及其代谢物的毒理学,发现有些药物的作用在实验动物与人体中的表现有着明显的区别。

这件事使凯尔西承受了巨大的压力——来自药厂的、来自游说集团的以及来自妇女界的。梅瑞公司甚至动用各种手段威胁她,但她还是坚持自己的看法。此后,《柳叶刀》发表了反应停导致婴儿畸形的文章,各国纷纷下架此药。梅瑞公司也火速收回试用药品,但美国仍然出现了十多名"海豹儿"。

如果没有凯尔西的阻止,美国可能会出现成千上万的畸形儿。凯尔西以一人之力避免成千上万的"海豹儿"在美国诞生,一夜之间,她成了美国英雄,肯尼迪总统为她颁发"杰出联邦公民总统奖"。1962年10月,美国国会通过《科夫沃-哈里斯修正案》强化药品管理,要求制药公司必须提供药品有效性证明,向FDA报告药品副作用,并请求患者参与临床研究,以防止此类问题重现,首次明确了"药品有效性必须在上市之前得到确证"的要求。从此,安全性成为药物监督的基本原则,尤其是儿童和孕妇用药,在安全性上没有商量的余地。

2005年,91岁的凯尔西从FDA退休,至此她已为FDA服务了45年。2010年,FDA以她的名字设立"凯尔西奖",每年颁发给FDA中的优秀雇员。2015年8月7日,凯尔西在加拿大安大略省伦敦市去世,享年101岁。

【素材出处】

周颖:《反应停致短肢畸形事件》,《药物不良反应杂志》,2010(5):335-337;百度百科:https://baike.baidu.com/item/弗朗西斯·凯思琳·奥尔德姆·凯尔西/16535340?fr=aladdin。(根据以上资料整理)

【案例点评】

反应停事件包含了以下思政元素。

(1)敬业精神。因为有着高度的责任心,所以尽管凯尔西女士承受了巨大的压力,但她依然坚持让梅瑞公司提供能够真正证明反应停安全性的数据,最终凭一人之力避免美国受到该药品的危害。

(2)对资本逻辑的批判。马克思在《资本论》中指出:如果有10%的利润,资本就保证到处被使用;有20%的利润,资本就活跃起来;有50%的利润,资本就铤而走险;为了100%的利润,资本就敢践踏一切人间法律;有300%的利润,资本就敢犯任何罪行,甚至冒绞首的危险。格兰泰、梅瑞等公司为了追求巨大的商业利益,选择忽视反应停可能存在的巨大危害性,还将其描述成"包治百病"的神药,最终造成了严重的后果。这体现了资本在逐利驱动下不择手段、不计后果、违背伦理的贪婪。

(3)矛盾分析法。有些药物的作用在实验动物与人体中的表现有明显的区别,这体现了矛盾的特殊性。医生不仅要了解患者疾病的个体差异,还要了解不同药物作用的差异,才能提高治疗的针对性,从而优化治疗效果。本案例有助于启发学生的辩证思维,形成运用矛盾分析法认识和分析问题的自觉意识。

(4)人生价值的实现条件。任何人都只能在一定的主客观条件下去实现自己的人生价值。实现人生价值不仅要从社会条件出发,也要从个体自身条件出发。凯尔西凭借自己扎实的专业知识、高超的专业造诣,才能够意识到反应停可能存在不可接受的副作用,从而以一人之力避免成千上万的"海豹儿"在美国诞生,这充分说明个人的努力和勤奋是胜任工作的基础。

【教学建议】

本案例可用于《思想道德与法治》第一章第二节"人生价值的评价与实现"部分、第五章第三节"恪守职业道德"和"锤炼个人品德"部分的辅助教学;也可用于《马克思主义基本原理》第一章第二节"对立统一规律是事物发展的根本规律"部分、第四章第二节"资本主义经济制度的产生"部分的辅助教学,可由教师介绍,并组织学生讨论问题:目前国内出现过多起疫苗、药物事件,请从医务工作者的角度考虑,应如何避免此类事件的发生?

(隆娟 尉迟光斌)

16 "赤脚医生"是怎样产生的

【案例呈现】

中华人民共和国成立后,百废待兴,中国农村仍然长期处于缺医少药的状态,对此,毛泽东在1965年作出指示:应该把医疗卫生工作的重点放到农村去!培养一大批"农村也养得起"的医生,由他们来为农民看病服务。毛泽东在指示中,还规定了培养这样的医生的两个条件:一是高小毕业,二是学3年医学。在这种情况下,普及农村医疗卫生的工作在全国迅速展开了。

对农村有一点文化的青年进行医学培训,上海市行动较早。"赤脚医生"的叫法,就是首次在上海市川沙县(已撤销)江镇公社出现的。原来,这个公社于1965年夏天就开始办医学速成培训班,学期4个月,学的是一般的医学常识及对常见病的简单治疗方法。学员学成后,回公社当卫生员。

在第一批学员中,有一个叫王桂珍的女社员,来自江镇公社大沟大队。由于王桂珍在班上学得认真,很快就初步掌握了医学知识。结业后,她被安排在江镇公社当卫生员,是该公社第一批卫生员之一。可她没有选择待在卫生院等农民上门治病,而是背起药箱,走村串户甚至到田间地头为农民们治病。农忙时,她也参加农业劳动。

开始,农民们并不相信王桂珍能治病,但王桂珍用实际行动证明了自己,被治好的病人越来越多,大家口口相传,找她看病的人也越来越多,她开始在农民中享有了声望。此外,王桂珍和同伴们还在村边一块坡地上种了100多种中草药,在村里专门建了土药房,利用自己有限的医学知识,想出各种土洋结合的办法,让身边的老百姓少花钱也能治病。

王桂珍的这种工作方式,开始并没有引起当地党政领导机关和卫生部门的重视,相关部门只是把她的事迹放在学雷锋的范围来宣传。

与王桂珍的事迹相联系的,还有另一个人——黄钰祥。黄钰祥,1953年苏州医专毕业。20世纪60年代初,他和妻子张蔼平相继被分配到上海川沙县(已撤销)江镇公社卫生院工作。他在工作中对农村缺医少药和农民看病难的现状有着深刻的了解。当时江镇公社卫生院的条件极差,没有消毒设备,基本的医疗器械是用煮沸的方法来消毒。就是在这样的条件下,黄钰祥仍然想尽各种办法为农民治病。同时,他还注意用自己所学,向当地卫生员传授医学知识。毛泽东关于农村医疗的指示发出后,他开始积极参与培养当地乡村卫生员的工作,也就成了包括王桂珍在内的第一批农村医学速成培训班学员的老师。

王桂珍、黄钰祥全心全意为人民服务的做法，深受当地农民的欢迎。当地农民因多种水稻，平时劳动时是赤脚下水田的，所以当地农民早就有一个朴素的观念——"赤脚"和"劳动"是一个意思。大家见王桂珍在为农民看病之余也经常参加一些劳动，就称她为"赤脚医生"。实际上，"赤脚医生"就是不脱离劳动同时也行医的意思。

1968年，上海市派出记者前往江镇公社调查、采访。采访中，记者们敏感地意识到，王、黄二人的做法，与毛泽东几年前作出的指示，以及他所提倡的方式是相合的。于是他们写成了一篇调查报告，题目最后定为《从"赤脚医生"的成长看医学教育革命的方向》。1968年夏天，在全国有影响的上海《文汇报》重要位置发表了这篇调查报告。该文章发表后，立即引起北京宣传部门的重视。当年9月出版的《红旗》杂志第三期和9月14日出版的《人民日报》全文转载了这篇调查报告。

这篇文章引起了毛泽东的关注。毛泽东仔细阅读了《人民日报》上发表的这篇文章，并且在他阅过的《人民日报》上批示："赤脚医生就是好。"从此，"赤脚医生"成为半农半医的乡村医生的特定称谓。更重要的是，按此思路，全国各地在县一级已经成立人民医院、公社一级成立卫生院的基础上，在大队（相当于现在的村）一级都设立了卫生室，构成农村三级医疗体系。在大队一级卫生室工作的医务人员，都是"半农半医"的"赤脚医生"。与此同时，各级卫生部门开始下大力气，按照江镇公社的做法，着手培训大批"半农半医"人员。当时，也正是知识青年上山下乡的高潮，一批下到农村的初、高中生，由于文化水平较当地农民青年要高，也自然成了接受"半农半医"的"赤脚医生"培训的主体。他们学成后，大都当上了"赤脚医生"。这种情况促使中国的"赤脚医生"队伍在短期内迅速形成，农村医疗状况迅速改观。

【素材出处】

陈立旭：《"赤脚医生"是怎样产生的》，《党史纵览》，2019(2)：54。（根据以上文献整理）

【案例点评】

"赤脚医生"制度包含的思政元素如下。

（1）一切从实际出发。"赤脚医生"的出现和推广，是与新中国成立早期物质财富和卫生资源贫乏的现实状况联系在一起的。当时的生产力状况和社会所处的发展阶段，决定了当时的中国必须根据自己的实际情况，制定与之相适应的发展战略。农村合作医疗制度就是为适应新中国成立后的农业合作化运动而发展起来的新中国自己的医疗服务体系,"赤脚医生"是农村合作医疗制度的产物,是合乎当时国情的医疗卫生保障制度。

(2)正确处理人民内部矛盾。新中国成立初期,国家百废待兴,在医疗和医药方面呈现出严峻的城乡二元化现象,即有限的医疗资源大都集中在城市,农村医疗和医药匮乏。毛泽东在1965年作出指示:应该把医疗卫生工作的重点放到农村去!培养一大批"农村也养得起"的医生,由他们来为农民看病服务。这体现了我们党对于农村医疗和医药卫生问题的重视与解决,体现了正确解决社会主义人民内部矛盾的方法论。

(3)为人民服务。为什么人服务是道德的核心问题,决定并体现着道德建设的根本性质和发展方向,为人民服务是社会主义道德观的集中体现,是全体中国人民共同遵循的道德要求。"赤脚医生"在药物匮乏、医疗设备简陋的年代,用有限的医疗水平,半农半医,领着微薄的补贴,却担负起6亿农民的基本医疗保健事业,构建起了遍布全国的基本医疗卫生网络,体现了为人民服务的道德追求。

【教学建议】

本案例可用于《毛泽东思想和中国特色社会主义理论体系概论》第四章第一节"初步探索的重要理论成果"之"正确认识和处理社会主义社会矛盾的思想"部分的辅助教学;也可用于《马克思主义基本原理》第二章第三节"一切从实际出发,实事求是"部分、第六章第三节"在实践中探索社会主义的发展规律"部分的辅助教学;还可用作《思想道德与法治》第五章第一节"坚持以为人民服务为核心"部分、第五章第三节"恪守职业道德"部分的案例素材。

（高志婕　昝启均）

17 幽门螺杆菌的发现

【案例呈现】

幽门螺杆菌是一种螺旋状的革兰氏阴性菌,是引起消化性溃疡的病原体,在几乎50%的人的胃部都存在,目前发现人类是这种菌的唯一宿主。

在二十世纪八十年代以前,主流医学界认为消化性溃疡主要是由压力、紧张或刺激性食物引起的,复发率高,需要反复使用抗酸剂来治疗,有时还需使用镇静剂、抗抑郁药和心理干预等方法来控制,患者苦不堪言。直到病理学家罗宾·沃伦(J. Robin Warren)和巴里·马歇尔(Barry J. Marshall)发现并证实幽门螺杆菌与消化性溃疡的形成和复发密切相关,才使这种难以治愈、反复发作的消化性溃疡变成只需配合使用一个星期的抗生素即可治愈的疾病,直接扭转了几十年来的错误医疗与诊治。

1979年,沃伦在一位胃炎患者的胃黏膜活体标本中意外地发现了一条奇怪的蓝线,他用高倍显微镜仔细观察,发现有一种弯曲样杆菌紧贴着胃上皮,有规律地存在于黏膜细胞层的表面及黏液层下面,这是一种前所未见的细菌。紧接着,沃伦继续在其他活体标本中寻找这种细菌,发现这种细菌总是出现在慢性胃炎标本中。沃伦意识到,这种细菌可能与慢性胃炎等疾病有密切关系。当时的医学界认为,健康的胃是无菌的,因为胃酸会将人吞入的细菌迅速杀灭,没有一个人愿意相信沃伦,大家都觉得这纯粹是标本被污染造成的。再说,沃伦只是个病理科医生,并未接触过临床,也没人愿意给他提供帮助。但沃伦并没有因此而放弃,一直在寻找能与自己合作的医生。

1981年,沃伦遇到了对消化性溃疡研究感兴趣的内科医师马歇尔。他们以100例接受胃镜检查及活检的胃病患者为对象进行研究,发现几乎所有的十二指肠溃疡患者的胃内部都有幽门螺杆菌。这一发现验证了沃伦观点的正确性,他们提出"消化性溃疡是由幽门螺杆菌引起的"这一假说。这一年,沃伦44岁,马歇尔30岁,他们提出的这个"年轻"的假说直接挑战了当时的主流观点。按当时的情形,说溃疡是由细菌引起的,就像在说地球是方的一样,医生们还是不相信会有细菌能生存在酸性很强的胃里。

沃伦和马歇尔并没有因此而气馁,他们顶着压力继续研究,对一些患有多年溃疡并已经威胁生命的患者进行为期两周的抗生素试验治疗,大部分患者逐渐好转。与此同时,他们也进行了动物实验,但是遭遇了前所未有的困难——动物无法感染幽门螺杆菌。马歇尔意识到,要想尽快证实这一理论,必须有一个有效的人体实验对象。在慎重考虑之后,他决定"以身试菌",这样他就有可能亲身体验感染幽门螺杆菌后的真实情况。

1984年的一天,偶尔吸烟和饮酒,没有胃肠疾病,胃镜、组织学和超微结构检查均正常,确定没有感染幽门螺杆菌的马歇尔吞服了含有大量幽门螺杆菌的培养液。吞服细菌后的最初几天,马歇尔除了感觉到肠蠕动增加外,没有其他不适。可是5天后,冒冷汗、进食困难、呕吐、口臭等症状接踵而来,妻子劝说他赶快接受治疗,可他却想着要做更多详细的实验,坚持不接受治疗。苦苦等到第10天,马歇尔在完成各项检查后才开始接受治疗。在胃镜检查时发现,马歇尔的胃黏膜上果然长满了这种"弯曲的细菌",同时有穿过胃壁而出的白细胞正在努力吃掉并杀死这些幽门螺杆菌——这就是造成胃溃疡的原因。当人们惊呼这种"疯狂举动"的同时,也逐渐承认了幽门螺杆菌才是导致消化性溃疡的罪魁祸首。

沃伦和马歇尔造福了千千万万遭受溃疡困扰的患者,两位科学家也因此获得了2005年诺贝尔生理学或医学奖。

【素材出处】

王咏雪:《马歇尔:"以身试菌"的科学狂人》,《大众科学》,2014(10):26-28。(根据以上文献整理)

【案例点评】

幽门螺杆菌发现的过程包含以下思政元素。

(1)创新思维。沃伦和马歇尔发现幽门螺杆菌与消化性溃疡的密切关系,挑战了当时的主流观点,即使顶着巨大的压力,他们也没有气馁,依然继续自己的研究,表现得客观理性,同时也说明批判性思维在医学发展中的重要性;通过大胆假设和小心求证,用细致入微的观察和大量可靠的资料得出了对消化性溃疡致病机理的正确认识,是严谨求实的表现;根据对这一致病机理的认识,用自创的抗生素治疗法治疗溃疡,最终造福了无数的溃疡患者,体现出探索创新的精神。

(2)奉献精神。马歇尔为了证明自己的假设,竟然冒着危险"以身试菌",正是这种伟大的献身科学的精神推动着医学的进步。

(3)矛盾的特殊性。幽门螺杆菌具有细菌的一般性质,但也具有它的特性:可以让人感染,却不能让动物感染,体现了矛盾的特殊性。医生只有了解病菌的共性与个性,才能进行有针对性的治疗。

【教学建议】

本案例可用于《马克思主义基本原理》第一章第三节"创新思维能力"部分、第一章第二节"对立统一规律是事物发展的根本规律"部分的辅助教学及相关考核；也可用作《思想道德与法治》第三章第三节"让改革创新成为青春远航的动力"部分的案例素材。

（隆娟　高志婕）

18　中国参与人类基因组计划

【案例呈现】

人有 23 对染色体,包括 22 对常染色体和 1 对性染色体,由大约 31.6 亿个 DNA 碱基对组成,含 4 万~10 万个基因。人类基因组计划是美国科学家于 1985 年率先提出的,旨在测定这 30 多亿个碱基对的序列,发现所有人类基因并搞清其在染色体上的位置,以破译人类全部的遗传信息。该计划于 1990 年启动,主要有美、英、日、德、法五国科学家参与,被誉为"生命科学登月计划",与"曼哈顿计划""阿波罗计划"合称为"人类科学史上的三个伟大工程"。

随着技术手段的进步,对生命密码的破译呈现出加速之势。目睹世界科技的日新月异和人类基因组研究的发展趋势,在国外从事基因研究多年并颇有建树的杨焕明博士和于平博士等人再也无法安享宁静的生活,毅然回到祖国。当时,国内对于是否参加基因测序还存在较大的争议,而美、英、法等国的工作已开展多年。在杨焕明等人看来,作为一个大国,我国必须在人类基因组计划中占一席之地,而要想在这一计划中站稳脚跟,就必须从最基础的基因测序做起。如果不参与人类基因密码的破译工作,中国就会在未来的竞争中受制于人。1998 年 8 月,在中国科学院的支持下,中科院遗传所人类基因组研究中心成立。他们的目标很明确——进行人类基因组测序,在这一国际计划中占据一席之地,进而进军基因工程产业。

创业伊始,科学家所面对的不仅是物质和经济上的困难,还有国内外许多同行的不理解甚至疑虑。资金缺乏,他们就自己筹集大部分启动资金,买了 10 多台世界上先进的测序仪,为了早日实现目标,不少工作人员自愿捐出积蓄;人员不够,他们就向科研院所、大专院校招募工作人员;空港工业区也把一层楼的办公用房交给他们使用,一些大专院校的学生更是不计报酬,自愿加入到测序工作中。众人拾柴火焰高,在社会各界的支持下,一支从事基因测序工作的队伍逐渐形成,一个基因测序基地在北京东北郊悄悄崛起。

1999 年 9 月 1 日,在英国伦敦,第五次人类基因组测序战略会议召开,来自中国的杨焕明的陈述让国际同行对中国充满信心:中科院遗传所人类基因组研究中心的设备运行情况已经达到国际先进水平,中国科学家已经掌握基因测序的全部关键技术和细节。而业已递交的部分测序数据,使中国成为递交人类 DNA 序列数据最多的 6 个国家之一。

经过积极争取,人类基因组计划国际组织决定由中国承担1%的测序任务,即负责3号染色体3000万个碱基对的测序工作。中国成为第六个参与该计划的国家,也是唯一的发展中国家。这个1%意义深远,它证明了中国科学家的能力和实力,在国际生命科学前沿、国际重大科技合作研究中毫不逊色,甚至非常出色。

当时距离2000年完成人类基因组90%以上测序工作的期限只剩下不到一年的时间,为了抢在时间前面,大规模的基因测序于1999年10月1日开始,一边加紧培训,一边抓紧测序,100多人分为两组,不分昼夜,停人不停机,每天必须完成20万个碱基对的测序工作。2000年4月,在各方努力下,我国1%的测序任务基本完成,我国科学家在世界上率先拿到了"工作框架图"。虽然参与的时间最晚,但我国的基因测序能力已经超过法国和德国,位列第四。通过参加这项国际合作,我国已经可以分享人类基因组计划的全部成果、数据、资源和技术,也建立了我国自己的大规模的基因组科学技术队伍,为我国今后的生物资源基因组研究奠定了基础。

2001年6月27日,人类基因组计划首席科学家、美国国家人类基因组研究所所长弗朗西斯·柯林斯(Francis Collins)向全世界宣布人类基因组工作草图绘制成功。他这样评论:"国际人类基因组计划中国测序部分的圆满完成,是一件了不起的事情,整个中国都应该为此感到骄傲。"中国科学家用自己的实力和努力在这个划时代的里程碑上刻上了中国人的名字。

【素材出处】

李斌:《跃上生命科学之巅——中国参与人类基因组计划纪实》,《人民论坛》,2000(7):16-19。(根据以上文献整理)

【案例点评】

中国参与人类基因组计划包含以下思政元素。

(1)中国精神。为了让中国能在人类基因组计划中占有一席之地,科学家们不仅放弃了国外优越的生活回国艰苦创业,还自己筹集资金,甚至捐款购买设备,为按时完成测序工作,100多名科研人员"停人不停机",充分体现了科学家们以爱国主义为核心的民族精神和以改革创新为核心的时代精神。

(2)民族自信心。我国最晚参与这一计划,但基因测序能力已经超越法国与德国,证明了中国科学家在国际生命科学前沿、国际重大科技合作研究中毫不逊色,甚至非常出色。

(3)国际视野。马克思主义唯物史观认为,科学技术是社会发展的重要动力。人类基因组计划对于人类认识自身、推动生命科学以及制药产业的发展,都具有极其重大的意义,因此我国必须参与这项计划,否则就会在未来的国际竞争中受制于人。

【教学建议】

本案例可用于《思想道德与法治》第三章第一节"实现中国梦必须弘扬中国精神"部分的辅助教学;也可用于《马克思主义基本原理》第三章第二节"科学技术在社会发展中的作用"部分的辅助教学。

(隆娟　高志婕)

19　中国抗击新冠肺炎疫情

【案例呈现】

2019年底,湖北省武汉市相继出现了多例病毒性肺炎病例。2020年1月7日,经实验室检测,本次不明原因的病毒性肺炎的病原体初步判定为新型冠状病毒。1月18日,国家卫健委专家钟南山赶赴武汉。经过对大量案例和资料进行研究和整理,1月20日,国家卫健委高级别专家组向全国媒体宣布,新型冠状病毒确定存在"人传人"现象,这一番话拉响了全国抗击疫情的警报。当天,习总书记强调要把人民生命安全和身体健康放在第一位,坚决遏制疫情蔓延势头。1月31日,世界卫生组织(WHO)宣布,将新型冠状病毒肺炎疫情列为国际关注的突发公共卫生事件。

1月23日,武汉暂时关闭离汉通道。从1月24日开始,各省陆续组织大量医务人员援助武汉和湖北。2月7日,国家卫健委宣布建立16个省支援湖北省武汉市以外地市的一一对口支援关系,以一省包一市的方式,全力支持湖北省加强对患者的救治工作。2月18日,全国新增治愈出院病例数超过新增确诊病例数,确诊病例数开始下降;2月19日,武汉市新增治愈出院病例数首次大于新增确诊病例数。3月10日,武汉所有方舱医院休舱;3月18日,全国新增本土确诊病例首次实现零报告,中国基本控制了新冠肺炎疫情。4月8日起,武汉市解除持续76天的离汉离鄂通道管控措施,有序恢复对外交通。4月26日,武汉市所有新冠肺炎住院病例清零。截至2020年5月31日24时,全国31个省、自治区、直辖市和新疆生产建设兵团累计报告确诊病例83 017例,累计治愈出院病例78 307例,累计死亡病例4634例,治愈率94.3%,病亡率5.6%。

新冠肺炎疫情是新中国成立以来在我国发生的传播速度最快、感染范围最广、防控难度最大的一次重大突发公共卫生事件。我国用1个多月的时间初步遏制疫情蔓延势头,用2个月左右的时间将本土每日新增病例控制在个位数以内,用3个月左右的时间取得武汉保卫战和湖北保卫战的决定性胜利,这在人类历史上是绝无仅有的。中国为什么能创造这样的奇迹?从以下的数据中我们能找到答案。

从1月25日起,短短60天之内,中央政治局常委召开了多次专题会议,讨论疫情的防控和复产复工,这在党的历史上还是第一次;国务院总理、中央应对疫情工作领导小组组长李克强主持召开30余次领导小组会议,研究部署疫情防控和统筹推进经济社会发展的重大问题和重要工作；截至1月29日，31个省、直辖市和自治区均启动一级响应。

54万名湖北省和武汉市医务人员冲锋在前，从1月24日至3月8日，346支国家医疗队、4.26万名医务人员和900多名公共卫生人员驰援湖北；这些医务人员中有2000多人确诊感染，几十人以身殉职；人民解放军派出4000多名医务人员支援湖北，承担火神山医院等3家医疗机构的医疗救治任务，空军出动运输机紧急运送医疗物资。

从全国调集4万名建设者和几千台机械设备，仅用10天建成有1000张病床的火神山医院，仅用12天建成有1600张病床的雷神山医院；短短10多天建成16座方舱医院，共有1.4万余张床位；加强临床血液供应，10个省份无偿支援湖北省红细胞4.5万单位，血小板1762个治疗量，新鲜冰冻血浆137万毫升（不含恢复期血浆）。

武汉市重症定点医院累计收治重症病例9600多例，湖北省成功治愈3000余位80岁以上、7位百岁以上的新冠肺炎患者；一位70岁的老人身患新冠肺炎，经过10多名医护人员几十天的精心护理转危为安，治疗费用近150万元，全部由国家承担；截至5月31日，全国各级财政共安排疫情防控资金1624亿元，全国确诊住院患者结算人数5.8万人次，总医疗费用13.5亿元，确诊患者人均医疗费用约2.3万元，其中，重症患者人均治疗费用超过15万元，一些危重症患者治疗费用为几十万元甚至上百万元，全部由国家承担。

1月27日至3月19日，全国向湖北地区运送防疫物资和生活物资92.88万吨，生产物资148.7万吨，能源供应充足；充分发挥制造业门类全、韧性强和产业链完整配套的优势，2月初，医用非N95口罩、医用N95口罩日产量分别为586万只、13万只，到4月底日产量分别超过2亿只、500万只。

科研人员用1周时间成功分离病毒，创造了人类历史上认识一种新的传染病用时最短的时间记录；陈薇团队争分夺秒、夜以继日地工作，不仅迅速建立了"核酸检测—抗体筛查—多重病原检测"的鉴定链条，为提高临床诊断准确率和治愈率发挥了作用，还严格按照"国际规范、国内法规"的要求，于全球范围内率先研制出新冠疫苗，陈薇本人成为第一个接种志愿者。

充分发挥中医药特色优势，坚持中西医结合、中西药并用，发挥中医药治未病、辨证施治、多靶点干预的优势。中医药参与救治确诊病例的占比达到92%，湖北省确诊病例中医药使用率和总有效率超过90%。

全国3900多万名党员、干部战斗在抗疫一线，1300多万名党员参加志愿服务，近400名党员、干部献出了生命；400万名社区工作者奋战在全国65万个城乡社区中，130多名公安民警、辅警牺牲在工作岗位；快递小哥、环卫工人、道路运输从业人员、新闻工作者、志愿者等各行各业工作者不惧风雨、敬业坚守。截至5月31日,全国参与疫情防控的注册志愿者达到881万人,志愿服务项目超过46万个,记录志愿服务时间超过2.9亿小时。

经公民个人授权,推广个人"健康码""通信大数据行程卡"作为出行、复工复产复学、日常生活及出入公共场所的凭证,实现分区分级的精准识别、精准施策和精准防控。利用大数据技术绘制"疫情地图",为公众防范传染提供方便。疫情期间,30多个省市通过人工智能电话机器人开展重点人群排查、宣教和无接触式数据采集,累计服务5900万人次,筛查出伴有发热症状居民3.6万人。在武汉市,电话机器人仅用6小时就完成100万居民的筛查随访,效率提升20倍以上。

全国人民都给湖北捐物捐款,截至5月31日,累计接受社会捐赠资金约389.3亿元、物资约9.9亿件。另外有77个国家和12个国际组织为中国人民抗疫斗争提供捐赠,84个国家的地方政府、企业、民间机构、人士向中国提供了物资捐赠……

有国际人士评价:"中方行动速度之快、规模之大,世所罕见,展现出中国速度、中国规模、中国效率。"整个过程中,中国始终保持与国际社会的联系,及时通报有关信息,世界卫生组织也对中国抗疫给予高度评价。

在自身疫情防控仍然面临巨大压力的情况下,中国力所能及地为国际社会提供援助:向世界卫生组织提供5000万美元现汇援助,向多个国家派遣医疗队,举办培训400余场;3月1日至5月31日,中国向200个国家和地区出口防疫物资,其中,口罩706亿只,防护服3.4亿套,护目镜1.15亿个,呼吸机9.67万台,检测试剂盒2.25亿人份,红外线测温仪4029万台……中国政府还积极推动中医药抗疫国际合作,为世界抗疫提供中国智慧、中国方案。

无论是对内还是对外,中国都展现了一个大国应有的担当,为全世界抗击新冠肺炎疫情作出了应有的贡献。

【素材出处】

中华人民共和国国务院新闻办公室:《抗击新冠肺炎疫情的中国行动》,http://www.scio.gov.cn/ztk/dtzt/42313/43142/index.htm。(根据以上资料整理)

【案例点评】

中国抗击新冠肺炎疫情包含以下思政元素。

(1)党的领导。抗疫斗争中,党的领导是战胜新冠肺炎疫情的决定性因素。中国共产党团结带领最广大的人民,调动一切可以调动的力量,汇聚一切可以汇聚的资源,形成了党领导、政府主导、社会参与的抗疫模式。正是在党的领导下建立了集中统一高效的指挥体系,才能形成全国一盘棋,上下一条心的局面,才能使疫情防控这个巨大复杂的系统工程成为可能,才能打赢疫情防控这场艰巨的人民战争。

(2)制度优势。全国4万多名医务人员和医疗设备、抗疫物资向湖北和武汉集结,4万名建设者支援武汉建设,"一省包一市"对口支援,举全国之力帮助武汉和湖北抗击疫情,效果显著,体现了新型举国体制的优势。新冠肺炎患者的治疗费用由国家承担,充分体现了社会主义制度的优越性。

(3)传承中华民族历史文化。我国充分发挥中医药特色优势,中医药参与救治确诊病例的占比达到92%,湖北省确诊病例中医药使用率和总有效率超过90%。中医药的发展史是一部传承创新史,秦汉时期《黄帝内经》中医理论体系形成→东汉张仲景《伤寒杂病论》辨证论治理论和方法体系确立→金元四大家出现→明清时期温病学产生→屠呦呦发现青蒿素→治疗新冠肺炎的"三药三方",这是一部在研究中发展和创新的历史。我们必须尊重和传承中华民族历史文化,以时代精神激活中华优秀传统文化的生命力,不断推进中华优秀传统文化创造性转化和创新性发展。

(4)伟大抗疫精神之"生命至上"。中华文明素有"人命关天"的道德观念,人民立场是马克思主义政党最根本的政治立场。在保护人民生命安全面前,我国坚持人的生命高于经济利益,不计代价挽救患者生命、防控疫情,尽最大努力做到不遗漏一个感染者、不放弃一个患者,集中体现了中国人民深厚的仁爱传统和中国共产党以人民为中心的价值追求。

(5)伟大抗疫精神之"举国同心"。在党的坚强统一领导下,全国人民心往一处想、劲往一处使,把个人冷暖、集体荣辱、国家安危融为一体,建设者短短十余天就建成雷神山医院和火神山医院,几千万名党员、干部、志愿者坚守在各自的岗位,全国人民为湖北捐款、捐物,帮助湖北人民渡过难关。这集中体现了中国人民万众一心、同甘共苦的团结伟力。

(6)伟大抗疫精神之"舍生忘死"。在这场与病魔的殊死较量中,广大医务人员是先头部队,他们白衣执甲、逆行出征、舍生忘死地挽救生命。面对日益严峻的疫情,他们义无反顾、日夜奋战。他们是伟大抗疫精神的亲身塑造者和完美诠释者,更是广大医学院校在校学生学习的时代楷模、鲜活榜样。

(7)伟大抗疫精神之"尊重科学"。面对前所未知的新型传染性疾病,我国秉持科学精神、科学态度,把遵循科学规律贯穿到决策指挥、病患治疗、技术攻关、社会治理各方面全过程。防控一线、临床救治、科研攻关协同作战,大数据追踪溯源和健康码识别、分级分类精准防治,云计算、5G、大数据、物联网、人工智能等技术手段迅速应用,这些无不是对科学精神的弘扬,集中体现了中国人民求真务实、开拓创新的实践品格。

(8)伟大抗疫精神之"命运与共"。为人类谋进步、为世界谋大同是中国共产党的奋斗目标。在新冠病毒大流行并频繁变异的全球危机中,中国发起了新中国成立以来援助时间最集中、涉及范围最广的紧急人道主义行动,始终站在国际抗疫合作"第一方阵",坚定担当疫苗公平分配"第一梯队",这集中体现了中国人民和衷共济、爱好和平的道义担当。

【教学建议】

本案例可用于《习近平新时代中国特色社会主义思想概论》第三章"坚持党的全面领导"部分、第四章"坚持以人民为中心"部分、第十章第三节"弘扬以伟大建党精神为源头的中国共产党人精神谱系"部分的辅助教学;也可用于《马克思主义基本原理》导论"马克思主义的基本特征"部分、第三章第三节"人民群众在历史发展中的作用"部分、第六章第一节"社会主义五百年的历史进程"部分的辅助教学;还可用于《思想道德与法治》第三章第一节"实现中国梦必须弘扬中国精神"部分、第三章第二节"尊重和传承中华民族历史文化"部分的辅助教学。

(隆娟　高志婕　昝启均　姚小飞　黄俊)

20 让14亿人"病有所医"

【案例呈现】

手中拿着医院结算单,四川省旺苍县木门镇油树村4组的脱贫户毛伟心里的石头总算落了地。2020年9月以来,毛伟前前后后在县医院做了13次透析,3.6万多元的医药费自己只需承担3000多元。

但在此之前,身患尿毒症十余年,到2013年底毛伟一共花了60多万元。巨大的开支让他因病致贫,更让他几乎失去了对生活的信心。

帮助毛伟如释重负的是旺苍县实施的"7+1"健康扶贫模式,包括建卡贫困人口医疗救助扶贫行动、医务人员结对帮扶行动等在内的健康扶贫七大行动,还有帮扶贫困户增收致富的项目。

"是医疗救助政策救了我的命!"这个从前时常愁眉不展的汉子,如今脸上总挂着笑颜。毛伟现在开了家副食店,生意红红火火,日子也有了盼头。

没有全民健康,就没有全面小康。这5年,中国交出了一份沉甸甸、高质量的"健康答卷"。

中国人均预期寿命从2015年的76.34岁提高到2019年的77.3岁,增加了近1岁。主要健康指标总体上居于中高收入国家前列,个人卫生支出占卫生总费用的比重降至28.4%。

这5年,医疗保障网织紧织密——

中国基本医疗保险参保人数超过13.5亿人,建成世界上规模最大的基本医疗保障网,参保率稳定在95%以上。

中央财政逐年提高人均补贴标准,居民医保住院患者实际报销比例接近60%。农村贫困人口通过基本医保、大病保险、医疗救助等三重制度精准保障,实现应保尽保。

"中国医疗卫生体制改革取得的成就有目共睹,很多国家都在向中国学习。"世界卫生组织前任总干事陈冯富珍盛赞。

医药卫生体制改革惠民利民——

"4.4元的话,'4'太多,中国人觉得难听。再降4分钱,4.36元,行不行?"

2019年12月,一段国家医保准入谈判现场的视频被争相转发。视频中,企业报价从5.62元一路直降5次到4.4元,谈判专家最终将价格砍到全球最低价4.36元。围绕一颗10毫克药片的锱铢必较、"灵魂砍价"背后,是一份厚重的民生关怀。

5年来,中国特色基本医疗卫生制度框架基本建立。强化医疗、医保、医药"三医联动"改革,全面推开公立医院综合改革,取消药品和耗材加成。基本药物数量由520种增加到685种。推进药品集中采购和使用,试点药品中选价格平均降幅52%以上,打通降价药进医院的"最后一公里",将政策红利引导到临床端。

医疗卫生服务可及性不断提高——

在山东青岛,86岁的王英勤将社区医院大夫徐雪梦的电话号码贴在床头。若老人有个头疼脑热,徐雪梦二话不说就来给诊病。

"我腿脚不好,出趟门不容易。这几年全靠梦梦一次次上门治疗,认真又负责,我们看病方便多了!"王英勤说。

5年来,中国超80%的家庭15分钟内能到达最近医疗点,重点人群家庭医生签约覆盖率超过70%,每万人全科医生数从1.38人增长到2.61人,每千人口医疗卫生机构床位数从5.11张增长到6.3张,医疗服务能力明显增强。

居民健康素养水平明显提升——

11月的厦门,白鹭洲公园微风和煦,叶绿草青。67岁的杨舒兰每天下午都会来这里打一小时太极拳,风雨无阻。杨舒兰说,自己全家人都爱运动,儿媳刚续了健身房的私教课,9岁的孙子是铁杆球迷,爱看球更爱踢球。"如今生活这么好,老百姓也更注重身体健康。我的老姐妹们还在学瑜伽呢,我也不能掉队!"

5年来,健康中国战略部署实施,《"健康中国2030"规划纲要》正式印发,爱国卫生运动深入开展,健康城市健康村镇建设全面启动。居民健康素养水平明显提升,从2015年的10.25%提高到2019年的19.17%,平均水平翻了一番。

【素材出处】

孙亚慧:《让14亿人"病有所医"(十三五·中国印象(16))》,人民网,http://politics.people.com.cn/n1/2020/1130/c1001-31949448.html。(有删改)

【案例点评】

健康中国战略包含的思政元素如下。

(1)人民立场。党的十八大以来,以习近平同志为核心的党中央坚持以人民为中心的发展思想,卫生健康事业发展取得显著成效,向实现人人享有健康的美好愿景迈出了坚实的步伐,体现了马克思主义政党的人民立场。

(2)社会建设。党的十八大以来,以习近平同志为核心的党中央高度重视加强社会建设,坚持以人民为中心的发展思想,围绕使人民获得感、幸福感、安全感更加充实、更有保障、更可持续,提出一系列新理念新部署新要求。从印发《"健康中国 2030"规划纲要》,到发布《健康中国行动(2019—2030 年)》,以习近平同志为核心的党中央作出推进健康中国建设的重大决策部署,努力实现让人民群众"病有所医"的民生承诺,一幅健康中国的崭新图景正在一步步绘就。

(3)爱国主义。《思想道德与法治(2023 年版)》中指出:爱国主义体现了人们对自己祖国的深厚感情,揭示了个人对祖国的依存关系。国家是个体成长发展的基本屏障和坚实依托,个体与国家之间相互依存,密不可分,这也是最深刻的爱国理由。本案例将热点问题、民生问题引入爱国主义教育中,让学生在对社会问题的关注和讨论中形成明辨是非的能力,提高社会参与感,以此激发学生的责任感和爱国情怀。

【教学建议】

本案例可用于《习近平新时代中国特色社会主义思想概论》第四章"坚持以人民为中心"部分、第十一章"以保障和改善民生为重点加强社会建设"之"推进健康中国建设"部分的辅助教学;也可用于《马克思主义基本原理》导论"马克思主义的基本特征"部分、第三章第三节"人民群众在历史发展中的作用"部分的辅助教学;还可用于《思想道德与法治》第三章第一节"中国精神是兴国强国之魂"中"爱国主义的基本内涵"相关内容的辅助教学。

(隆娟　昝启均　黄俊)

21 构建人类卫生健康共同体,中国展现大国担当

【案例呈现】

享有健康是全人类的共同愿望,维护全球公共卫生安全是各个国家的共同责任。新冠肺炎疫情暴露了全球卫生治理仍存在诸多短板,特别是发展中国家无法公平获取疫苗、药品、检测试剂以及个人防护用品等防控工具。当前,卫生健康与政治、经济、文化、社会等各领域发展的关系日益密切。为人类发展计,为子孙后代谋,中国提出了构建人类卫生健康共同体的重大倡议,并尽己所能,全力推动实施,体现了中国维护全球公共卫生安全、维护人类健康福祉、维护世界繁荣发展的担当和决心。

一、贡献中国智慧和中国方案,有主张

一直以来,中国支持世界卫生组织发挥全球卫生领导协调作用,积极参与全球卫生治理,积极分享卫生健康事业发展的经验,积极参与和主办了许多的国际会议。比如,2016年与世界卫生组织共同成功举办第九届全球健康促进大会,通过《2030可持续发展中的健康促进上海宣言》和《健康城市上海共识》,在健康促进领域留下了中国的印记;在世界卫生大会期间举办了卫生体系、健康扶贫、疟疾消除、人口与发展等多场主题边会,积极分享中国卫生健康发展成效和经验;在世界卫生组织平台主推并通过基本药物、传统医药、儿童安全用药、癫痫等多项决议,支持中方专家参加世界卫生组织技术会议,为全球卫生健康事业贡献中国智慧和中国方案。

面对来势汹汹的新冠肺炎疫情,习近平总书记亲自领导、亲自指挥、亲自部署,在坚决遏制国内疫情扩散蔓延势头的同时,高度重视抗疫国际合作,多次发表重要讲话并作出重要指示批示,开展元首外交,倡议"打造人类卫生健康共同体",表达了中国愿与世界各国携手共御疫情的立场和守望相助、患难与共的真诚愿望,为人类社会共同抗击新冠肺炎疫情注入了动力,给世界各国抗击疫情坚定了信心,彰显了负责任大国的担当和作为。

二、援外医疗从"输血"转向"造血",有行动

构建人类卫生健康共同体,中国持之以恒。援外医疗就是生动的体现。

向发展中国家派遣医疗队是毛泽东、周恩来等老一辈无产阶级革命家亲自开

创的伟大事业,是一项具有中国特色的社会主义援助方式,是我国国际合作和外交的一块金字招牌,为推进人类和平与发展崇高事业作出了贡献,赢得国际社会广泛赞誉。

2023年2月9日,习近平总书记给援中非中国医疗队队员回信,对援外医疗60年工作成绩给予了充分肯定,为新时代援外医疗工作指明了前进方向、提供了根本遵循。回信写道:"你们在中非克服工作生活上的困难,用心服务当地民众,既是救死扶伤的白衣天使,也是传递情谊的友好使者。"

当看到回信的内容后,许许多多仍在开展援助工作的中国医疗队队员热泪盈眶。"在工作当中经常会遇到一些困难。比如,停电是经常的事,停电以后只能靠应急电源和手电筒继续手术。为应对停水,就自备桶装水,在外部先清洁洗手,再用消毒液洗手后开展工作。医疗器械不足时,在保证安全和有效的情况下,用其他一些办法替代。"2022年,北京积水潭医院副院长、第27批援几内亚中国医疗队队长赵兴山在新闻发布会上介绍援外经验时表示,医疗援助专业性比较强,每支医疗队离开的时候把知识留下,把医疗器械也留下,为的是提高当地医疗水平。我国在海外的一些医疗队利用针灸、拔罐、推拿等传统中医手段,充分发挥中医药"简便廉验"的优势,让受援国民众切实感受到良好的疗效,获得了他们的信任。

在构建人类卫生健康共同体理念引领下,中国援外医疗步入以义为先、自强互助的发展合作新阶段。2013年至今,中国与41国的46家医院建立对口合作关系,共建25个临床重点专科中心,填补数千项技术空白。积极开展新冠抗疫国际合作,实施了新中国成立以来最大规模的全球紧急人道主义行动。国家卫生健康委员会国际合作司相关负责人回忆,中国的医疗卫生人员不畏艰险、万里逆行,昼夜不停地同有关国家疫情防控指挥部和卫生部等重要政府部门座谈交流,提供政策咨询,深入疫区和病毒检测实验室、方舱医院等抗疫一线进行技术交流指导,对医疗机构、实验室等相关人员开展专业技能培训。

中国援外医疗从输血式援助转向可持续造血式援助,逐渐形成以医疗队为基础,临床医疗和公共卫生双轮驱动,创新项目、医院物资、能力建设、人员与技术交流多点开花的全方位、立体式格局。

据统计,开展援外医疗60年来,中国共派遣援外医疗队员3万人次,诊治患者2.9亿人次,极大提高了受援国医疗技术水平,培养当地医疗人员10万余人,留下了一支支"带不走的医疗队"。先后有50余名医疗队员牺牲在异国他乡,超过2000人次荣获受援国国家级荣誉。中国长期向其他发展中国家派遣医疗队,开展卫生援助,为医疗卫生国际合作作出贡献,深受受援国政府、民众的欢迎。

三、促进全人类健康可持续发展,有追求

当前,和平、发展、合作、共赢的历史潮流不可阻挡,维护全球公共卫生安全、

促进可持续发展是世界各国的共同追求。

2020年,国家卫生健康委员会负责人曾撰文表示,坚持高擎人类卫生健康共同体旗帜,把保护人类生命安全与健康放在国际抗疫合作第一位。共筑人类卫生健康共同体的宗旨,就是要以合作的方式共同维护和促进全人类的生命安全与健康可持续发展。这是中国对《联合国宪章》和2030年可持续发展议程的庄严承诺。没有人民的生命安全和健康,就没有健康的人力资源,经济社会发展就失去了根基和意义。

展望人类更美好的未来,唯一确定的事实就是,世界各国命运休戚与共,而共筑人类卫生健康共同体是构建人类命运共同体的具体实践。

在中国,疟疾已经被消除,然而疟疾仍是非洲面临的主要公共卫生问题。世界卫生组织发布的《2022年世界疟疾报告》显示,2021年,全球约95%的疟疾病例发生在非洲,造成约59.3万人死亡,占全球死亡病例数的96%。2000年以来,世界卫生组织把青蒿素类药物作为首选抗疟药物。以屠呦呦为代表的中国科学家经过大量实验,从中草药中发现并提取出青蒿素,成功挽救了全球数千万名疟疾患者的生命,加速了全球疟疾控制和消除的进程。立足于自身的成功经验,中国积极支持非洲、亚洲等地的发展中国家开展疟疾防控,开展技术培训班和现场示范项目等,推进国际抗疟合作,分享中国经验。

沿着"一带一路",卫生健康领域更多务实的合作不断展开。中国和东盟是山海相连、人文相亲的好邻居,也是共同发展的好伙伴,过去10年在卫生合作方面行稳致远、成果丰硕。在双方领导人的合作倡议引领下,共同实施了中国-东盟"公共卫生人才培养计划""健康丝绸之路人才培养计划"等能力建设项目,建立了中国-东盟医院联盟平台,支持东盟提高卫生服务水平。近年来,金砖国家不断拓展卫生合作广度,覆盖疾病防治、全民健康、妇幼健康、抗微生物药物耐药性和传统医药等众多领域,携手共同应对疫情等全球卫生安全方面的问题。

历史车轮滚滚向前。历史和现实告诉我们,必须共筑人类卫生健康共同体,以合作的方式共同维护和促进包括中国人民在内的全人类的生命健康安全与健康可持续发展。构建人类卫生健康共同体,中国一直真心实意。

【素材出处】

叶龙杰:《构建人类卫生健康共同体,中国展现大国担当》,《健康报》,2023-05-19(001)。(有删改)

【案例点评】

构建人类卫生健康共同体包含的思政元素如下。

(1)中国特色大国外交。习近平外交思想坚持构建以合作共赢为核心的新型国际关系,打造人类命运共同体。人类卫生健康共同体是人类命运共同体在卫生健康领域的体现,对于中国外交发展而言同样意义重大。构建人类卫生健康共同体既是对中国传统外交理念的新拓展,也是中国构建自身话语体系的新举措,还是中国完善世界卫生秩序的新探索和中国卫生外交领域的新倡议。构建人类卫生健康共同体的实践,将有助于消除国际社会对"全球化"所带来的公共卫生安全问题的担忧,让世界人民重拾信心与希望,必将为促进全球公共卫生治理、造福世界人民发挥积极作用。

(2)文化自信。中国传统医学文化是我们文化自信的重要根基之一,我国在海外的一些医疗队利用针灸、拔罐、推拿等传统中医手段,充分发挥中医药"简便廉验"的优势,让受援国民众切实感受到良好的疗效,获得了他们的信任。这不仅展现了中国传统医药的巨大魅力,也揭示了古代医家善于因地制宜、就地取材、简便救急的巧思妙想,增强了中国人的文化自信。

【教学建议】

本案例可用于《习近平新时代中国特色社会主义思想概论》第十六章"中国特色大国外交和推动构建人类命运共同体"部分的辅助教学;也可用于《思想道德与法治》第三章第二节"尊重和传承中华民族历史文化"部分的辅助教学。

(高志婕　姚小飞)

22　国产创新药械从跟跑到领跑

【案例呈现】

一、打破垄断：国产创新药械崛起

2011年6月7日,首款国产肺癌靶向药"埃克替尼"获批上市。这款价格比进口药低40%的小分子国产靶向药,让中国肺癌患者看到了更多生的希望。也是在这一年,国内一批创新生物药企如百济神州、华领医药等陆续成立,纷纷投入到创新药研发中,掀开我国创新药发展史全新的一页。

同一时期,临床医生和患者也在急切呼唤更优性价比的国产创新医疗设备解决方案。2011年3月,卫生部副部长王国强在全国政协小组讨论中表示,基本药物制度已经实施,但多数医疗检查设备仍是进口,从而导致过度医疗等问题,成为目前"看病贵"的主因。

此后,国产医疗设备创新发展的号角吹响。联影医疗于2011年成立即立下"军令状"——所有产品核心部件必须自主研发,且必须"加速赶超"。联影医疗董事长兼首席执行官张强回忆道,"当时高端医疗装备核心技术被外资垄断长达几十年,鲜有挑战者。但我们有信念,国产医疗器械一定能站上世界的舞台。"

2014年8月,联影医疗携首批11款全线医学影像设备在中国国际医用仪器设备展览会上展出,犹如一颗巨石投向了平静的湖面,原先由进口垄断的高端医学影像设备格局,开始松动了。接下来的2016—2020年,联影医疗PET-CT连续5年实现国内新增市场占有率第一。

截至2022年10月,联影医疗已推出80余款具有完全自主知识产权的产品,其中不少属于世界首创,打破跨国公司长期垄断的格局,使我国成为第三个全面掌握高端磁共振全部核心部件技术和整机制造技术的国家。

2016年,西安大医集团与清华大学、北京协和医院等组成了中国放疗梦之队,共同承担国家"十三五"重点研发计划中的全球首创多模式一体化放疗设备(TAICHI)研发项目。最终,TAICHI平台成功突破卡脖子技术,共获得三张美国食品药品监督管理局(FDA)许可证,而这也是中国放疗界46年以来首台获FDA上市许可的国产医用加速器。

"十年之前,国产医疗设备要出海、要进入国内三甲医院,不可想象。"西安大医集团董事长刘海峰介绍。但如今,中国医学装备协会提供的数据显示,国产高端医学装备近些年持续发力,部分高端医用设备如伽马刀、磁共振成像设备已基本实现国产可替代,生产能力和市场规模已具备相当竞争力。

"从跟跑到领跑。"中国医学装备协会放射治疗装备技术分会会长、北京协和医院放射治疗科主任张福泉用这6个字概括了近年来我国创新医疗器械的特点。

与此同时,国产医疗器械的出口也越来越多了。中国医药保健品进出口商会数据显示,2021年,我国医疗器械出口贸易额为994.09亿美元。

二、政策红利:让创新成果加速落地

104个和178个,这两个数字是截至2022年10月,国家药品监督管理局公布的我国获批Ⅰ类新药数量和创新医疗器械产品数量。创新药械落地背后,是药械审评审批制度改革的加持。

过去中国患者要用到最新的药,通常要比欧美国家的患者晚5到8年,这个数字无论是对于患者还是对于自主研发药物的药企,都是不能承受的漫长。

2015年8月,重磅文件《国务院关于改革药品医疗器械审评审批制度的意见》发布,提出一系列优化审评程序、鼓励创新的举措;2017年10月,中共中央办公厅、国务院办公厅印发《关于深化审评审批制度改革鼓励药品医疗器械创新的意见》,这预示着,创新产品审评审批进入"快车道"。从新药到药械,只要患者需要,政策必将倾斜。正在进行时的药械审评审批制度改革,以前所未有的速度和力度促进新药的研发和上市。

2018年11月,创新医疗器械特别审查的"绿色通道"开启。根据《医疗器械优先审批程序》,对诊断或者治疗罕见病、恶性肿瘤、老年人特有和多发疾病、专用于儿童等医疗器械予以优先审批,截至2021年底,通过该程序获批上市的医疗器械达到49个。"绿色通道"开通后,我国创新医疗器械加速上市,最快的仅用时29天。

三、医患受益:创新药更便宜,医疗设备更人性化

李凯是一位慢性髓细胞白血病患者。他感叹道,从十年前的进口原研药格列卫,到如今的国产创新药耐立克,国产新药主导市场价格,中国老百姓受益的故事越来越多。

李凯所提到的耐立克是由中国本土企业亚盛医药全资子公司广州顺健生物医药科技有限公司研发的第三代慢粒白血病治疗药物,2021年11月25日获得国家药品监督管理局批准上市,疗效和安全性更优,但价格仅为进口药三代格列卫的1/6~1/7。这对于很多家庭来说,就是生与死的距离。

在医疗设备领域,同样有类似的变化。已经在放射治疗领域工作了三十多年

的张福泉清晰地记得,十年之前,自己打交道最多的直线加速器、后装治疗机、模拟定位机都是进口的,设备的说明书都是英文的,需要整本整本地翻译,一些特殊功能的安装和调试,还得请外国的工程师过来操作。

而如今,改变已经悄然发生。"在协和转化医学综合楼,已经有2台国产的直线加速器开始用于临床,患者感受很好,医生操作起来也很便利,有问题还能随时跟研发团队反馈,进行调整。"张福泉告诉记者。

每一种突破性改变的背后,都是一群人乃至几代人的付出。非凡的十年过往,承接的是全新的下一个十年。属于中国医疗器械的时代已经到来。

【素材出处】

谭琪欣,王振雅,张赫:《非凡十年:打破垄断,创新药械从跟跑到领跑》,《健康时报》,2022-10-21。(有删改)

【案例点评】

国产创新药械从跟跑到领跑包含的思政元素如下。

(1)新发展理念之"创新"。党的十八届五中全会明确了创新、协调、绿色、开放、共享的新发展理念。"创新"居于发展全局的核心位置,我国国产药械行业大踏步赶上世界创新发展脚步,实现从跟跑到领跑,正是我国创新驱动发展战略的生动体现。只有紧扣世界创新发展脉搏,顺应世界创新发展大势,才能更好地满足人民群众的美好生活需求。

(2)新发展理念之"共享"。在五大发展理念中,"共享"作为发展的出发点和落脚点,指明发展的价值取向,充分体现了社会主义的本质和全心全意为人民服务的宗旨。我国国产药械行业的创新发展使得患者的救命药更便宜、医疗设备更人性化,使得医疗卫生服务的公平性和可及性进一步提高,体现了共享的发展理念;对于解决群众看病就医的急难愁盼问题,满足群众全方位全周期健康需要,推进健康中国建设具有重要意义。

【教学建议】

本案例可用于《习近平新时代中国特色社会主义思想概论》第六章"推动高质量发展"部分的辅助教学;也可用于《马克思主义基本原理》第六章第一节"社会主义五百年的历史进程"部分的辅助教学;还可用于《思想道德与法治》第三章第三节"改革创新是新时代的迫切要求"部分的辅助教学。

(高志婕 昝启均)

第二章
医学人物案例

DI-ER ZHANG

医学科学的发展,是无数先贤和当代医学人艰苦努力、无私奉献的结果。这些医学人物身上体现出来的以天下苍生为念的大爱无私、热爱祖国和人民的情怀、救死扶伤的奉献精神、认真严谨精益求精的敬业精神、心系患者不惧病魔的抗争精神,都是学生成长的精神沃土。本章共有19个案例,包括张仲景、裘法祖、屠呦呦、维萨里、科赫等中外医学史上的重要医学人物,他们的事迹充分诠释了大爱、敬业、奉献等精神。将医学人物案例用于思想政治理论课教学,用精神的力量感染学生,能够激发学生树立为祖国医学事业奋斗终生的理想信念,将远大抱负落实到实际行动中,努力成长为国家和社会需要的医疗人才。

1 "医圣"张仲景

【案例呈现】

张仲景(约150—219年),东汉南阳人,中国古代伟大的医学家。他自幼喜欢医学,年少时拜师学医,并立下"进则救世,退则救民,不能为良相,亦当为良医"的志向。张仲景聪明好学,刻苦钻研,尽得老师真传。

东汉末年,战乱频仍,瘟疫流行,大规模的伤寒病传染性强、死亡率高。张仲景的家人也深受其害,家族二百多人,不到十年时间,"其死亡者,三分有二,伤寒十居其七"。亲身经历瘟疫带来的人间惨剧,张仲景决心"勤求古训,博采众方",研究治疗伤寒病的方法。他继承前人的医学理论,结合自己的临床实践,不仅救治了大量患者,还创造性地总结出中医学的经典著作《伤寒杂病论》,提出了外感热病和内伤杂病的病因、病证、诊法等。《伤寒杂病论》被称为中医四大经典之一,张仲景也被后世尊称为"医圣"。这个称号不仅是称颂他的高超医术和传世经典,更是褒扬他的医者仁心。相传他在任长沙太守期间,处理公务的闲暇之时,就在衙门大堂坐诊,为百姓看病,这也是人们称行医为"坐堂"的由来之一。

《伤寒杂病论》被赞誉为"方书之祖"。张仲景广泛收集医方,精选了三百多方记入书中。其中,麻黄汤、桂枝汤、柴胡汤、麻杏甘石汤等著名方剂,疗效可靠而且显著,至今仍被广泛运用。在抗击新冠肺炎疫情中发挥重要作用的"三药三方"中的清肺排毒汤、连花清瘟胶囊,都是以《伤寒杂病论》中的古代名方为基础研制而成的。《伤寒杂病论》之所以被称为中医经典,还在于它确立了"辨证论治"的理论和方法体系。"辨证",就是通过望、闻、问、切等手段,分析判断病人的证候。"论治",就是根据"辨证"的结果,确定相应的治疗方法。中医诊疗看重整体、着眼于"病的人",而不是看重局部、只关注"人的病",从而形成了鲜明的特点。

历史上,中华民族屡经天灾、战乱和瘟疫,却能一次次转危为安,以《伤寒杂病论》为代表的中医药作出了重大贡献。在抗击新冠肺炎疫情中,中医药再立新功。数据显示,在中国,中医药参与救治新冠肺炎确诊病例的占比达到92%,湖北省确诊病例中医药使用率和总有效率超过90%。这是中医药传承精华、守正创新的生动实践。面对新冠肺炎疫情这场百年来影响范围最广的全球性大流行病,中国政府积极推动中医药抗疫国际合作,中医药战疫经验带着深深的文化自信走出国门,为世界提供中国智慧、中国方案。

一株小草改变世界,一枚银针联通中西,一缕药香穿越古今……古老的中医学以其独特价值越来越得到国际社会的高度评价和认可。2010年,中医针灸被联合国教科文组织列入人类非物质文化遗产代表作名录。2015年,屠呦呦成为中国首位获得诺贝尔奖的科学家。她从中医典籍中受到启发,用现代科技手段提取青蒿素,转化成一种强有力的抗疟药物,挽救了成千上万人的生命。

【素材出处】

黄永奎:《论"医圣"张仲景的科学精神》,《四川工程职业技术学院学报》,2007(2):18-19;国际在线:《跟着总书记学历史:千秋医圣留给今天怎样的启示?》,2021-05-12,https://baijiahao.baidu.com/s?id=1695556886793664881。(根据以上资料整理)

【案例点评】

张仲景的事迹包含以下思政元素。

(1)爱国主义。张仲景从小立下"进则救世,退则救民,不能为良相,亦当为良医"的志向,体现了他爱国爱民、悲悯救世的情怀,以及以国家命运和百姓福祉为己任的责任担当意识。

(2)文化自信。张仲景在大约两千年前总结出来的药方在今天仍然发挥着重要作用,让人不得不惊叹中国古人的才能和智慧。新文化运动时期,受西方文化思想的影响,曾出现主张抛弃中医的极端观点和做法。《中国近现代史纲要(2023年版)》中指出:五四以前新文化运动的许多领导人物,还没有马克思主义的批判精神,他们使用的方法,一般还是资产阶级的方法。他们中有的人看问题很片面,坏就是绝对的坏,好就是绝对的好。这种形式主义看问题的方法,影响了运动后来的发展。而今天我们谈论文化自信,就更需要我们对中医文化中优秀的一面加以发扬,才能更好地坚守自己的优秀传统文化。

(3)仁爱原则。推崇仁爱原则是中华民族的优良传统和高尚品德。张仲景经历了瘟疫带来的惨剧,通过刻苦钻研研究出伤寒病的疗法,还救治了大量患者,体现了对患病百姓的关爱,"医圣"的称号不仅是褒奖他的高超医术,更是赞美他的医者仁心。

(4)科学精神。他勤奋学习、刻苦钻研,"勤求古训,博采众方",创造性地总结出《伤寒杂病论》,体现出他探索创新、求真务实的科学精神。

(5)联系的观点。《伤寒杂病论》确立了"辨证论治"的理论和方法体系,强调将"病的人"看作一个整体,从整体角度来看疾病的病因与证候之间的关系,体现了辩证唯物论"普遍联系"的观点。

【教学建议】

本案例可用于《思想道德与法治》第三章第二节"尊重和传承中华民族历史文化"部分的辅助教学;也可用作《中国近现代史纲要》第四章第一节"五四以前新文化运动的局限"部分的课堂讨论素材;还可用于《马克思主义基本原理》第一章第二节"事物的普遍联系和变化发展"部分的辅助教学。

(隆娟　高志婕)

2 葛洪与《肘后备急方》

【案例呈现】

葛洪(约281—341年),字稚川,自号抱朴子,丹阳句容人,中国古代著名道教理论家、炼丹家、医药学家、博物学家。

葛洪出身于江南士族家庭,祖辈世代为官,他是三国方士葛玄的侄孙。十三岁时父亲去世,后家道中落。他以砍柴所得,换回纸笔,在劳作之余抄书学习,常至深夜。乡人因而称他为抱朴之士,他遂以"抱朴子"为号。葛洪十六岁拜郑隐为师,后又拜精通道术、养生、医药及占卜的南海太守鲍靓为师,尽得真传。他娶鲍靓之女鲍姑为妻,鲍姑擅长针灸之术,是我国历史上第一位女针灸专家。葛洪一生饱读经书,见素抱朴,精研医药和道教理论,在急诊、传染病、内、外、妇、儿、五官、针灸、推拿、养生美容等方面都有创见。晚年时放弃关内侯的高位,与妻子隐居罗浮山,积极从事采药炼丹活动并著书不辍。他一生著述甚丰,完成著述60余种,近千卷,内容丰富,涵盖了宗教、哲学、教育、医学、养生等多个领域,以及大量的化学、炼丹和科学科技实践记录等内容,但流传至今的只有《肘后备急方》和《抱朴子》。

《肘后备急方》收集了大量救急用的方子,都是葛洪在行医、游历的过程中收集和筛选出来的,内容简要易懂。他特地挑选了一些比较容易弄到的药物,有些药物即使必须花钱买也很便宜,改变了之前的救急药方不易懂、药物难找、价格昂贵的弊病。同时,他还在书中介绍了许多简单易行的外治法,如捏脊疗法、针法、灸法、角法(拔罐)、推拿、口畜鼻、热熨、蜡疗等。例如《肘后备急方》共有针灸处方109条,所记载的针法、灸法都不记穴位名称,只指出具体部位和分寸,文化水平不高的人也能轻易掌握,有极强的实用性和可操作性。这些简易疗法对于治疗中风、心痛、虫蛇咬伤等症都行之有效。由此可见,该书始终贯彻、体现了"简便、灵验、救急、实用"的治疗学思想。

《肘后备急方》记述了很多药物治疗的新发现以及疾病的认识,概括起来有急性传染病、慢/急性脏器病,还有外科疮肿、皮肤病、精神病、虫兽咬伤等。他对各种病症进行了细致的观察和记录,其中有很多是医学文献中首次记载。如他最早记载了天花的疾病症状和治疗方法,比国外对天花的记录早500多年,比英国乡村医生詹纳发明牛痘接种术早1500多年。关于肺结核,葛洪称之为"尸注"或"鬼注","注"是传染的意思,"尸""鬼"则指病原体。他明确指出患肺痨的人具有极强的传染性,"死后复传之旁人,乃至灭门",因此告诫人们一旦患上这种病,应当立即隔离治疗。

《肘后备急方》中还最早详细而准确地描述了沙虱(恙虫)的形态和习性:"山水间多有沙虱,甚细,略不可见。人入水浴,及以水澡浴,此虫在水中著人身;及阴天雨行草中,亦著人,便钻入皮里。其诊法:初得之皮上正赤,如小豆黍米粟粒,以手摩赤上,痛如刺。三日之后,令百节强,疼痛寒热,赤上发疮。此虫渐入至骨,则杀人。"这是一种由恙螨作为媒介传播的急性传染病,流行于东南亚和我国的台湾、东南沿海等地。直到20世纪20年代,国外才逐渐发现了恙虫病的病原是一种立克次体。而葛洪早在1600多年前,在没有显微镜的情况下,就将该病的病因、症状、发病地点、感染途径、预后及预防等信息进行了详细的记载,还指出该病见于岭南,与今天临床所见一致,令人叹服。

在药物治疗实践中,葛洪不仅发展了前人创造的中药药剂,而且创用了多种新型药剂。除最常用的汤剂外,还有丸剂、膏剂、洗剂、灌肠剂、熏剂、滴耳剂、散剂、动物脏器制剂等。他创造性地用狂犬的脑敷贴在被狗咬伤的创口上,以治疗狂犬病。到了19世纪,法国的巴斯德才证明狂犬脑中有抗狂犬病物质。制剂工艺具有一定的科学性,如冷浸法、温浸法、蒸馏、飞水、水煎等,这对现代药剂学依然具有很大的现实意义。葛洪还曾做过汞与丹砂还原变化的实验,这是世界上最早发现的化学还原反应,是炼丹术在化学上的一大成就。炼丹术后来传到西欧,也成了制药化学发展的基石。

《肘后备急方》对今天的中医药研究依然具有启发意义,屠呦呦当年在面临研究困境时,就是从《肘后备急方》有关"青蒿一握,以水二升渍,绞取汁,尽服之"的截疟记载中得到灵感,由此改用低沸点溶剂的提取方法,从青蒿中成功提取抗疟物质青蒿素。

【素材出处】

百度百科:https://baike.baidu.com/item/葛洪/28958? fr=aladdin;曾庆香:《浅述葛洪及其医药学》,《科教导刊(电子版)》,2019(4):295-296。(根据以上资料整理)

【案例点评】

葛洪的事迹包含以下思政元素。

(1)文化自信。葛洪在医学思想和医德、疾病认识与治疗等领域都颇有建树,特别是总结天花的治疗方法比西方早1500多年,记载恙虫病的病因、症状、感染途径等信息比西方早1600多年,发现狂犬脑可治疗狂犬病比西方早1500多年。

这些依靠传统中医取得的医疗成就令人惊叹,让人自豪。

(2)高尚的人生追求。葛洪关心民间疾苦,致力于改变救急药方不易懂、药物难找、价格昂贵的弊病。他晚年放弃高位,与妻子隐居深山,积极从事采药炼丹活动并笔耕不辍,以造福百姓为己任,体现了他造福于民的高尚追求。

(3)敬业精神。葛洪对客观事物观察细致入微,擅长对观察到的现象进行系统总结,他能在中医急症诊治中作出突出贡献,离不开他刻苦钻研、勤于实践的敬业精神。

(4)创新精神。葛洪博多家之学,立一家之言,主张打破各种束缚,强调实践与创新,并将这种理念付诸医学,推动了医学的发展。他在实践中提出多种创新观点,创用多种新型药剂,创新改进制剂工艺,对中医药的发展有重要意义。"老药新用""老方新用"在今天发挥着重要作用,也是创新的体现。

【教学建议】

本案例可用于《思想道德与法治》第三章第二节"尊重和传承中华民族历史文化"部分、第五章第三节"恪守职业道德"部分的辅助教学;也可用作《中国近现代史纲要》导言部分"灿烂的中国古代文明"相关内容、第四章第一节"五四以前新文化运动的局限"部分的案例素材。

(隆娟　高志婕)

3 近代解剖学之父——维萨里

【案例呈现】

安德雷亚斯·维萨里(Andreas Vesalius,1514—1564年),1514年诞生于布鲁塞尔的一个宫廷御医之家,从小就立志要成为一名医生。14岁时进入鲁汶大学学习美术,当时鲁汶大学是欧洲人文主义思想的中心,对年轻的维萨里产生了巨大的影响,为他在解剖学上的大胆突破奠定了基础。1533年,维萨里进入巴黎大学学医,在那里,他对解剖学产生了浓厚的兴趣,并经常在巴黎圣婴公墓研究人的骨骼。1536年,由于战争的影响,他转入当时欧洲医学研究方面最好的大学——帕多瓦大学学习,并于1537年获得博士学位。由于出众的医学才能,维萨里一毕业就被帕多瓦大学聘为讲师,讲授外科学和解剖学。

当时的欧洲医学界奉行的是古罗马医学家盖伦(Claudius Galenus)的理论,这位比维萨里早1000多年的医学家有很多理论是正确的,如动脉是送血而不是送空气的,人类是用大脑思考而不是用心脏思考的,但也有许多观点是错误的,比如他没有认识到血液循环,认为静脉系统与动脉系统无关联。盖伦所处的时代不允许解剖人类尸体,他在没有解剖过人体的情况下,根据对猴子、猪等动物的解剖结果创立了针对人体的医学理论。1000多年以来,盖伦的理论被奉为金科玉律,没有人试图去验证这些理论的正确性。但维萨里与众不同,通过对人类骨骼的研究,他发现人体的真实情形同盖伦的描述有许多不一致的地方。在教学中,他使用解剖工具亲自演示操作,而学生则围在桌子周围观察学习。这种面对面的亲身体验式教学是对中世纪教学实践的一个重大突破。

1543年,一本划时代的著作——《人体构造论》完成,它开启了解剖学的新时代,并在该领域产生了意义深远的革命,其作者正是29岁的维萨里。在《人体构造论》诞生之前,维萨里已经进行了多年的整理编著工作。1539年,一位帕多瓦的法官对维萨里的工作产生了兴趣,并允许他解剖被处决的罪犯的尸体,因此,维萨里得到了一批详细、准确的解剖图,并邀请著名的画家进行绘制。

比起精美的制作,这本书最大的意义还是它对解剖学所作出的巨大贡献。它强调了解剖工作要把人体内部机能看成一个充满了各种器官的三维物质结构,第一次正确描绘了蝶骨,描述了奇静脉;发现胎儿在脐静脉和腔静脉之间的管道,并命名为"静脉导管";描述了网膜及其与胃之间的关系,还有脾和结肠;第一次正确给出幽门的构造;观察了男性阑尾的尺寸,第一次正确记述了纵隔、胸膜和当时最全面的大脑解剖描述。同时,他还第一次描述了人工呼吸。

维萨里对传统医学的颠覆引来了教会的不满,也遭到了盖伦卫道士的反对,令他伤心的是,在最激烈的批评者中有两位正是他在巴黎求学期间的老师。具有讽刺意味的是,从教学思想上来说,更接近盖伦的反而是维萨里。盖伦曾经语重心长地说:"如果谁要观察大自然的作品,他不应信任任何解剖书而要相信自己的眼睛。"那些以盖伦忠实信徒自居的卫道士们恰恰违背了祖师爷最重要的教导。

据说,维萨里因为进行活体解剖而被宗教裁判所判了死刑,虽然国王赦免了他的死罪,但还是要他到耶路撒冷朝圣赎罪。1564年,他在返回帕多瓦的途中病逝,年仅50岁。这就是科学每一次突破所需要付出的代价——质疑、责难、打击乃至付出生命,几乎伴随着科学发展的整个历史,但这些进步给人类带来了巨大的福祉。维萨里不是第一个进行实际解剖的人,但他让解剖学成为一门真正系统的、正确的科学,点燃了现代医学文明的火炬。

【素材出处】

李白薇:《安德雷亚斯·维萨里:开创解剖学新世纪》,《中国科技奖励》,2014(7):78-79;顾凡及:《近代解剖学之父——维萨里》,《自然杂志》,2016(6):461-466。(根据以上文献整理)

【案例点评】

维萨里的事迹包含以下思政元素。

(1)创新精神。维萨里通过深入研究,完成了《人体构造论》,颠覆了传统医学理论,体现他不盲从、不迷信权威的客观理性精神;维萨里对人体结构的认知,来源于大量的实践,为了更好地研究人体结构,他经常解剖尸体,以丰富的解剖实践资料对人体的结构进行了准确的描述,体现了严谨求实的精神;此外,他突破中世纪教学实践,采取与学生面对面的亲身体验式教学,对医学教学的发展有重要意义,体现了探索创新精神。

(2)高尚的人生追求。维萨里在研究人体结构的过程中,承受了来自教会势力和盖伦卫道士的攻击,其中还包括他的学业导师,甚至因此被判死刑,但他始终不改初衷。他用自己的付出甚至牺牲换来了科学和人类的进步。相对于世俗的安逸,高尚的人生追求有时可能就是某种牺牲。正像北岛的诗中所写的:卑鄙是卑鄙者的通行证,高尚是高尚者的墓志铭。

(3)实践观点。在实践与认识的辩证运动中,只有人类的实践才是检验认识的真理性的标准。盖伦通过解剖动物,得出的关于人体结构的认识是不完全正确的,而维萨里通过解剖人体,得出了更接近人体真实情形的认识。

(4)批判性思维。盖伦通过解剖动物创立了针对人体的医学理论,并在长达一千多年的时间里被奉为金科玉律,而维萨里在实践中发现了盖伦理论的谬误,通过大量的解剖和深入研究让解剖成了一门真正系统的、正确的科学,批判性思维在医学理论的发展中有着重要作用。正如恩格斯所说,在辩证哲学面前,不存在任何最终的东西、绝对的东西、神圣的东西,它指出所有一切事物的暂时性。

【教学建议】

本案例可用于《思想道德与法治》第一章第二节"人生价值的评价与实现"部分、第三章第三节"让改革创新成为青春远航的动力"部分的辅助教学;也可用于《马克思主义基本原理》第一章第三节"唯物辩证法的本质特征和认识功能"部分、第二章第二节"真理的检验标准"部分的辅助教学。

(隆娟　尉迟光斌)

4　生理实验科学的创立者——威廉·哈维

【案例呈现】

　　威廉·哈维(William Harvey,1578—1657年),英国17世纪著名的生理学家和医生。他于1578年出生于英国肯特郡福克斯通镇,在坎特伯雷的著名私立学校接受过严格的初、中等教育,15岁时进入剑桥大学学习了两年与医学有关的一些学科。1602年,他又进入当时欧洲著名的高等科学学府——帕多瓦大学,在著名的解剖学家法布里休斯(Hieronymus Fabricius)的指导下学习。哈维在此学习期间,不仅刻苦钻研、积极实践,被同学们誉为"小解剖家",而且在法布里休斯从事的静脉血管解剖和静脉瓣的研究中发挥了重要作用,成了老师的得力助手。这一时期的学习和实践,为他后来确立心血管运动的理论奠定了牢固的基础。此后不久,他又在英国剑桥大学获得医学博士学位,时年24岁。

　　古代欧洲对心脏血管机能的概念极为模糊。早在古罗马时代,盖伦提出的血液运行理论,代表着当时解剖学和心理学的进展。但到了中世纪以后,盖伦的观点仍保持着权威(主要是因为他将全身的体液分为三种类型,分别与静脉、动脉和神经有关,这恰好和后来基督教教义中的"三位一体"说相吻合,受到教会势力的尊崇),阻碍了生物相关学科的发展。文艺复兴之后,生物学才展示出蓬勃发展的前景。16世纪,解剖学之父维萨里否定了盖伦血液循环运动中的错误看法,他的同学塞尔维特(Miguel Servet)继续了血液运动的研究,发现了血液的肺循环。塞尔维特坚持自己的观点并拒绝"悔过",因此被教会势力烧死。法布里休斯在1603年发布了《论静脉瓣膜》,描述了静脉内壁上的小瓣膜永远是向着心脏打开、反方向关闭。这些都为哈维发现血液循环理论奠定了基础。

　　哈维在对前人经验进行总结的基础上提出了血液循环理论。他首先对心脏的功能结构做了研究,发现心脏其实分为两个心房和两个心室,大动脉和左心室相连,静脉与右心房相连,肺静脉和肺动脉又将右心室和左心房相通,形成小循环。同时哈维还发现了动脉有收缩、扩张的能力,静脉只有让血液沿一个方向进入心脏的功能。为了验证自己的观点,他做了一个简单的数学运算:他通过解剖估算出左心室大约能包含28.35克血,心脏每分钟跳72次,这样计算,每小时左心室进入的血液大约是244.94千克,大约是三个成年人的体重,这是绝对不可能的,唯一合理的解释就是血液是一直在循环的。提出这一假说后,他花了9年时间来做实验和仔细观察。

1628年,哈维的著作《心血运动论》出版,他在书中提供了大量证据来证明血液循环理论:血液从左心室流出,经过主动脉流经全身各处,然后由腔静脉流入右心室,经肺循环再回到左心室;人体内的血液是循环不息地流动着的,这就是心脏搏动所产生的作用。这就是近代医学发展史上具有里程碑意义的血液循环理论。哈维的新学说动摇了盖伦的理论体系,也就动摇了教会的权威地位。所以,血液循环理论问世之后,遭到经院学者和教会人士的猛烈攻击,哈维不得不在各种场合对他的新理论进行诠释,对无理诋毁者进行驳斥,新的科学体系在谩骂声中成长起来。

日心说、数学原理、相对论与哈维的心血运动论,被认为是影响世界历史进程的四大著名理论。恩格斯说:"哈维由于发现了血液循环,把生理学确立为科学。"可见哈维在生理学乃至整个世界的医学进程中作出了巨大贡献。当然,哈维的研究并非毫无疏漏。例如,他没有观察到动脉和静脉之间存在的毛细血管,所以揣测,血液在从动脉转入静脉时是通过细胞组织渗透过去的。1661年,意大利解剖学家马尔比基(Marcello Malpighi)用显微镜观察到动脉与静脉之间的毛细血管,完全证明了哈维推断的正确性。

【素材出处】

贾沐恬,杨鑫,刘震:《浅析哈维的科学思想——以血液循环理论为例》,《现代交际》,2019(3):222-223。(根据以上文献整理)

【案例点评】

威廉·哈维发现血液循环理论的事迹包含以下思政元素。

(1)高尚的人生追求。马克思主义认为,高尚的人生目标总是与奋斗和奉献联系在一起。哈维一生不懈地追求真理,提出了影响世界医学进程的心血运动论,在生理学乃至整个世界的医学进程中作出了巨大贡献,体现了他高尚的人生追求。

(2)坚定的信念。当一个人抱有坚定的信念时,他就会全身心投入为实现目标而努力奋斗的事业中,精神上高度集中,态度上充满热情,行为上坚定不移。维萨里、塞尔维特和哈维因为新的科学发现而遭到经院学者和教会人士的猛烈攻击和迫害,但他们从未退缩,正是坚定的信念使得他们有了强大的精神定力,不为诱惑所扰,不为困难所惧。

(3)实现理想的过程。《思想道德与法治(2023年版)》中指出:实现理想具有长期性、艰巨性和曲折性,理想越是远大,它的实现过程就越复杂,需要的时间也就越漫长。纵观人类社会发展史,任何一种理想的实现都不是轻而易举的,必然会遇到各种各样的困难和波折,充满艰险和坎坷。哈维提出血液循环理论的过程正是战胜困难、实现理想的真实例证。

(4)认识的过程。盖伦提出的血液运行理论,代表着当时解剖学和心理学的发展,但哈维等人通过实践证明了他的有些观点是错误的,并建立了血液循环理论,而哈维的研究也并非毫无疏漏,马尔比基又在哈维的研究的基础上观察到动脉与静脉之间的毛细血管。人类对血液循环的认识的曲折过程表明,认识是一个反复循环和无限发展的过程。这个过程既不是封闭式的循环,也不是直线式的发展,往往充满了曲折以至反复,因而是一个波浪式前进和螺旋式上升的过程。

(5)真理的检验标准。哈维在对心脏的功能结构做了研究后运用一个简单的数学运算推理出了血液循环的假说,但这种推理只能回答前提与结论的关系是不是符合逻辑的问题,而不能回答结论是不是符合客观实际的问题,它在被实践证明之前也只能是一个"假说"。因此哈维在提出血液循环假说后又花了9年时间来做实验和仔细观察,最终证实了这一假说。盖伦学说被批判了百余年却没有动摇它的统治,而哈维的学说一问世,盖伦卫道士就感受到了威胁,这一过程体现了实践作为真理检验标准的唯一性,以及逻辑证明在实践检验过程中的重要补充作用。

(6)马克思主义的科学性。恩格斯说:"哈维由于发现了血液循环,把生理学确立为科学。"也就是说科学意味着对规律的发现。恩格斯也曾指出:马克思有许多发现,主要是两个伟大的发现——唯物主义历史观和通过剩余价值揭开资本主义生产的秘密。由于这两大发现,社会主义由空想变成了科学。在马克思主义基本原理课程授课中以类比手法引入此例,可以让学生更深入地理解马克思主义的科学性,理解社会主义如何实现由空想到科学的伟大飞跃。

【教学建议】

本案例可用于《思想道德与法治》第一章第二节"高尚的人生追求"部分、第二章第一节"信念的内涵与特征"部分、第二章第三节"实现理想的长期性、艰巨性和曲折性"部分的辅助教学;也可用于《马克思主义基本原理》第二章第一节"认识的本质与过程"部分、第二章第二节"真理的检验标准"部分、第六章第一节"社会主义从空想到科学"部分的辅助教学。

(高志婕 黄俊)

5 公共卫生医学的开拓者——约翰·斯诺

【案例呈现】

约翰·斯诺(John Snow,1813—1858年),英国麻醉学家、流行病学家,被认为是麻醉学和公共卫生医学的开拓者。他从外科学徒开始,一步一个脚印,直到成为皇家外科、内科医学院的双料"院士",并被维多利亚女王聘为私人医生。他是麻醉学的开拓者之一,第一个研究了麻醉药乙醚的用量和疗效的关系。在发现氯仿可用作麻醉剂后,他大胆地将其用于维多利亚女王身上以减轻她生产的痛苦,从而一举获得大众对麻醉剂的认可。然而,斯诺最著名的贡献还是他对霍乱的研究,他因此被认为是流行病学研究的先驱。

霍乱是由霍乱弧菌引起的一种烈性传染病,在世界十大流行病中排名第六。历史上共发生了7次霍乱大流行,分别暴发于1817年、1829年、1852年、1863年、1881年、1899年和1961年。直到今天,在贫困和卫生条件恶劣的地区,霍乱仍然是可怕的瘟疫。1854年是霍乱史上关键的一年,因为在这一年,约翰·斯诺通过实地走访调查,将疫区的13个公共水泵和578例死亡病例的位置标记绘成了一幅"死亡地图",证明霍乱是通过水污染而不是空气污染传播的。

1854年,英国伦敦索霍区暴发霍乱。当时的医学界仍信奉"瘴气说",即认为霍乱和黑死病(鼠疫)一样,是由"有毒的空气"引起的。斯诺对这个说法提出质疑:如果霍乱是"瘴气"引起的,为什么住在同一条街上、呼吸着同样空气的人,有些受影响,而另一些不受影响?为什么霍乱的症状不是在肺部而是在消化系统中?因此,他冒着被传染的巨大危险,挨家走访霍乱患者的居所,了解其生活细节,并做了详细的记录。

通过调查,他很快发现霍乱主要分布在贫民区的两条街上:宽街和剑桥街。斯诺创造性地在地图上标记所有死者的居住点,结果柳暗花明般地显示,死者集中分布在宽街和剑桥街交叉口的一处免费公共水泵附近,而有些住在同一条街的住户却无人死亡。这些住户和其他住户在生活习惯上有何不同呢?进一步的调查显示,他们都在离宽街180米远的一家啤酒厂工作,工厂提供免费啤酒,这些工人平时几乎不喝水泵抽上来的水。离宽街不远的一个监狱有500多名囚犯,几乎也没有霍乱病例,是因为该监狱有自己的水井,同时还从另一个水厂购买了大量的水,也没喝宽街水泵抽上来的水。那么,霍乱是否与饮用水有关呢?

斯诺接着调查两条街的水源情况,发现水是从河里打来的,而河水被伦敦排出的脏水污染了。于是他建议拆掉水泵把手,关掉水泵,让居民喝其他地方运来的水,不久,疫情即告缓解。而且调查得知,在伦敦的另一个地方,有两个死于霍乱的患者都不是来自宽街,但他们喜欢喝宽街的水,每天都要到宽街的水泵打水回去喝。这一切形成一个"证据链",证明了霍乱是由被污染的水传播的。根据斯诺的论文《论霍乱传递模式研究》,英国政府在城市中清除了无数的污染源,并开始在全国普遍建设供水和下水道系统。1866年第四次霍乱大暴发期间,在俄罗斯造成了超过100万人死亡,而英国死亡人数为2000人左右,伦敦也因此被誉为世界上第一个"智慧城市"。

约翰·斯诺将统计学应用于水质和霍乱个案联系的研究,第一次令人信服地确定了霍乱的传播方式,找到了真正有效的预防方法。他关于霍乱的研究被视作流行病学的发端,他的地图标记法是空间统计学的起源。几乎同时,1854年,意大利的显微镜专家菲利浦·帕西尼(Filippo Pacini)发现霍乱患者的粪便中含有一种独特的微生物,并对这种微生物的特征、破坏性进行了详细的描述,但他的伟大思想仍被一个"瘴气说"所诱惑的医学界所拒绝,他的光辉在他死后才被认可。1883年,第五次霍乱世界大流行期间,伟大的细菌学家科赫(Robert Koch)分离出霍乱弧菌,完全符合他的"科赫法则",这才真正确定了霍乱的罪魁祸首。临床医学、流行病学、基础医学——播种、开花、结果。

【素材出处】

卢明,陈代杰,殷瑜:《1854年的伦敦霍乱与传染病学之父——约翰·斯诺》,《中国抗生素杂志》,2020(4):347-373。(根据以上文献整理)

【案例点评】

约翰·斯诺研究霍乱疫情的事迹包含以下思政元素。

(1)创新精神。霍乱第三次大暴发时,斯诺没有受"瘴气说"的影响直接将霍乱起因归为"有毒的空气",而是通过走访调查,用详细的信息和完整的"证据链"证明了霍乱与水污染之间的关系,体现了他客观理性、严谨求实的精神;他创造性地将疫区的公共水泵和死亡病例的位置标记绘成"死亡地图",在霍乱研究中发挥了重要作用,成为空间统计学的起源,体现了探索创新的精神。

(2)奉献精神。为了弄清楚霍乱流行的原因、尽快抑制疫情,斯诺冒着被传染的巨大危险,到霍乱患者的居所走访,体现了他为科学献身的精神,也体现了他的敬业精神。

(3)认识的过程。《马克思主义基本原理(2023年版)》中指出:"从感性认识上升到理性认识,必须具备两个基本条件:第一,投入实践,深入调查,获取十分丰富和合乎实际的感性材料。这是实现由感性认识上升到理性认识的基础。第二,经过思考的作用,运用理论思维和科学抽象,将丰富的感性材料加以去粗取精、去伪存真、由此及彼、由表及里的处理加工。"斯诺通过深入实地调查、观察,掌握了霍乱病人的分布特点、水源特点等情况,获得了丰富的感性材料。在此基础上,斯诺对当时流行的"瘴气说"提出了质疑,并最终通过证据推翻了"瘴气说",得出了关于霍乱的传播途径的正确认识——水污染,正是感性认识上升到理性认识这一过程的生动体现。

【教学建议】

本案例可用作《思想道德与法治》第一章第二节"高尚的人生追求"部分、第三章第三节"做改革创新生力军"部分、第五章第二节"借鉴人类文明优秀道德成果"部分的案例素材;也可用于《马克思主义基本原理》第二章第一节"认识的本质与过程"部分的辅助教学和相关考核。

(隆娟 尉迟光斌)

6 细菌学之父——科赫与科赫法则

【案例呈现】

罗伯特·科赫(Robert Koch,1843—1910年),1843年冬出生于德国汉诺威的一个矿山工程师家庭,自小聪慧过人,高中时期就表现出对微生物学的浓厚兴趣。在哥廷根大学读书期间,他师从德国病理学家、解剖学家和组织学先驱汉勒(Friedrich Gustav Jakob Henle)教授;1866年,科赫大学毕业后留在柏林学习,受到鲁道夫·魏尔肖(Rudolf Virchow)提出的细菌病原学观点影响,该观点认为所有细胞都来源于先前存在的细胞。普法战争爆发后,他入伍担任军医,被战争和受病痛折磨的人民群众深深震撼,退伍后,他潜心研究疫病的病因。科赫一生成就颇多,被后人誉为"细菌学之父"。他的研究使得千万生灵被挽救,对后世微生物学和免疫学等学科的发展也有着极为深远的影响。

1870年,科赫在东普鲁士的一个小镇担任医疗官,正好赶上那里暴发炭疽,造成528人和56 000多头牲畜死亡。为了遏制疫情的危害,科赫开始用老鼠做实验。他用死于炭疽的绵羊血液接种老鼠,老鼠第二天就死亡了,尸检时,老鼠的血液、淋巴结和脾脏中都带有杆状生物,再用第一只老鼠的血液来接种第二只老鼠,出现了同样的结果。通过重复接种,科赫发现这些动物血液中都有杆状生物,而健康牲畜的血液中却没有。这是人类第一次用科学方法证明"一种细菌只能引起某种特定的疾病"。此外,科赫还创造性地用房水(充满在眼睛后房内由睫状突产生的透明清澈液体)作为"培养"细菌的媒介,观察细菌的变化情况,由此发现了细菌芽孢在疾病发病中的重要性,并根据其特性提出了有效的预防措施。科赫对炭疽杆菌的研究不仅控制了炭疽的蔓延,也促使细菌学迎来蓬勃发展的时代。

炭疽杆菌研究结束之后,科赫将注意力转向了结核病。立足于前人的研究,他的团队尝试解开结核病病原体的秘密。通过创造并改进酒精亚甲基蓝染色法,科赫发现结核菌是一种以杆状细菌形式存在的生物,无论是在胞内还是胞外,它都是在病变组织内成组出现的。这虽然不能证明这种生物是结核病的病原,却使科赫更加坚信结核病的微生物假说。他还发明了固体培养基,使用琼脂平板固定细菌,证明微生物的遗传保持着相对稳定性,之前流行的"多态性学说"也因此销声匿迹。琼脂平板的应用是医学史上的一件大事,连巴斯德都称赞这是"一个很大的进步"。利用培养基,科赫一共从4只实验感染的豚鼠、4头患结核病的牛和7名患者身上获得15种纯种结核杆菌培养物,并因此获得1905年的诺贝尔生理学

第二章 医学人物案例

或医学奖。

1883年,埃及出现霍乱并迅速暴发,德国政府在接到救援请求后,派出了多支救援医护工作队,其中的一支就是由科赫负责的。抵达疫区后,他们便开始紧张又令人恐惧的尸检。一个多月后,正当他发现若干病原影踪之际,这场霍乱戛然而止。严谨的科赫便申请并获批去霍乱的始发地印度继续调研,潜心寻找霍乱的根源。在检查了数十具病尸后,他们终于发现了一种呈半月状(弧状)且个体微小的细菌,这正是恶名昭著的霍乱弧菌。科赫通过不断地呼吁、请愿,终于说服了政府,更加严格的卫生条例得以颁布,疫情也由此得以有效控制。

基于长期的工作经验和对研究成果的总结,在借鉴他人成绩的基础上,科赫于1884年提出著名的科赫法则,这一法则可谓病原微生物鉴定的金科玉律,是后续病原微生物学研究方法建立的基础。具体内容如下:

(1)病原微生物必然存在于患病者体内,不应出现在健康者体内;

(2)可以从患病者体内分离得到该病原微生物的纯培养物;

(3)将分离出的纯培养物人工接种敏感者时,接种者会出现该疾病所特有的症状;

(4)从人工接种发病者体内可以再次分离出性状与原病原微生物相同的纯培养物。

科赫法则一经提出就为人们研究病原微生物提供了方法指导,并促使人们对病原纯培养物展开研究,进而提出了多种疾(疫)病防治方法,真可谓功德无量。虽然它在今天看来有一定的局限性,但依然是新发传染病特异性致病微生物病因推断的主要原则,它所含有的思维逻辑依旧闪烁在流行病学的历史长河中。

科赫的一生为人类留下了太多宝贵的财富:他发现了霍乱弧菌和结核杆菌,证实了炭疽的元凶,在对抗、战胜昏睡病、疟疾、黑水热、麻风、牛瘟、淋巴腺鼠疫等方面都留下了不可磨灭的功绩。据后世估算,科赫至少为人畜疾病医治提供了五十余种方法,即便是在科技发达的今天,其工作的全部意义依然无法准确衡量。细菌学之父,名副其实!

【素材出处】

章奇,吴俊,叶冬青,等:《病因推断的远征者:罗伯特·科赫》,《中华疾病控制杂志》,2020(10):1237-1240;张庆华,姜有声,许丹,等:《教学案例"科赫——细菌学的奠基人"实施及效果》,《教育现代化》,2020(11):162-164。(根据以上文献整理)

【案例点评】

科赫的事迹包含以下思政元素。

（1）高尚的人生追求。科赫在普法战争期间看到人民饱受战争和疾病的摧残，一生致力于研究疫病的病因，为成千上万的人带去生的希望，体现了他的社会责任感和高尚的人生追求。

（2）敬业精神。他在十分简陋的条件下，克服重重困难，发现炭疽杆菌，发现并培养结核杆菌，研究了鼠疫、疟疾等多种传染病；为了总结科赫法则，他曾经7次到国外做调研。这些都体现了他高度的敬业精神。

（3）奉献精神。第五次霍乱暴发期间，科赫到埃及等地进行医疗援助，为了找出病因，他们冒着极大的危险开展令人恐惧的尸检，还主动申请到印度进行调研，检查大量的病尸。正是这种伟大的奉献精神，才使人类找到霍乱的元凶——霍乱弧菌。

（4）实践观点。科赫能发现多种传染病菌，总结出科赫法则，并不是偶然，这是以大量的试验和实验为基础的，体现了实践对认识的决定作用。

（5）能动的反映论。辩证唯物主义认识论认为，认识作为能动反映具有创造特性。《马克思主义基本原理（2023年版）》中指出：人们为了在实践中实现预定的目的，不仅要反映事物的现象，更要把握事物的本质，需要人们运用辩证思维方法，在观念中分解、加工和改造对象，进行创造性的思维活动。科赫与他的团队创造性地使用房水培养炭疽杆菌芽孢、发明酒精亚甲基蓝染色法和固体培养基，对医学研究的发展起到重要推动作用。这些发明发现的过程鲜明体现了认识的能动性和创造性。

【教学建议】

本案例可用于《思想道德与法治》第一章第二节"积极进取的人生态度"部分、第五章第三节"锤炼个人品德"部分的辅助教学；也可用作《马克思主义基本原理》第二章第一节"认识的本质与过程"部分的案例素材。

（高志婕　隆娟）

7 "提灯女神"南丁格尔

【案例呈现】

弗洛伦斯·南丁格尔1820年生于一个富有之家,家境优裕,父亲威廉和母亲芬妮都有着贵族血统。小南丁格尔的童年,享有金钱所能提供的一切优越条件,包括私人教师和良好的教育。南丁格尔的梦想是成为一名护士,她在笔记中写道:"不管什么时候,我的心中,总放不下那些苦难的人群……"但这一想法遭到全家人的反对,当父亲不允许她接受护士培训时,她感到非常苦恼,还为此大病一场。最终父亲还是妥协了,南丁格尔由此开始了她的护士生涯。在那个年代,护士不受重视,地位低下,只有生活极其困苦的穷人才会去医院工作,医院的卫生和医疗条件都很差。南丁格尔开始改变这一切,在工作过的每一个医院,她都要确保一切都是干净的,病人得到清洗照顾和良好的膳食。

1853年至1856年,英国、法国、土耳其联军与俄军在克里米亚交战,克里米亚战争爆发。由于没有护士、医疗条件恶劣,英国的参战士兵死亡率高达42%。南丁格尔主动申请担任战地护士,率领38名护士抵达前线服务于战地医院,她们的护士小组建了一个厨房和一个洗衣间,为伤病员解决必需的生活用品和食品,对他们进行认真的护理。南丁格尔建立了护士巡视制度,每天工作20多个小时。夜幕降临时,她提着一盏小小的油灯,沿着崎岖的小路,在4英里之遥的营区里,逐床查看伤病员。士兵们亲切地称她为"提灯女神"。伤病员写道:"灯光摇曳着飘过来了,寒夜似乎也充满了温暖……我们几百个伤员躺在那儿,当她来临时,我们挣扎着亲吻她那浮动在墙壁上的修长身影,然后再满足地躺回枕头上。"这就是所谓的"壁影之吻"。仅仅半年左右的时间,克里米亚战争中英军的伤病员的死亡率就下降到2.2%。南丁格尔和她的护士们拯救了成千上万名士兵的生命,也赢得了祖国人民的爱戴和崇敬。

1855年11月29日,伦敦社会名流共同发起成立南丁格尔基金会。一经呼吁,英国人捐款源源不断,单是在克里米亚的军人,一天中就捐赠了9000英镑。1860年6月24日,南丁格尔将英国各界人士为表彰她的功勋而捐赠的巨款用于在伦敦圣多马斯医院创建南丁格尔护士训练学校,这是世界上第一所正规护校。南丁格尔对学校管理、精选学员、课程安排、实习和评审成绩都有明确规定,正式建立了护理教育制度。

南丁格尔还提出公共卫生护理思想,认为要通过社区组织从事预防医学服务。她的主要著作《医院笔记》《护理笔记》等成为医院管理、护士教育的基础教材。由于她的努力,护理学成为一门科学。到1890年,南丁格尔的学生遍布英国各大医院并且远及英国本土以外,欧美各国南丁格尔式的护士学校相继成立。南丁格尔护士训练学校的课程和组织管理成为欧亚大陆许多护士学校的模式。随着受过训练的护士大量增加,护理事业得到迅速发展,国际上称之为"南丁格尔时代"。

南丁格尔进行护理改革前,护士不受人尊敬,工资很低。当时医院的病房通常是一间大房,病床紧密而脏乱,墙壁与地板沾满了血迹与污渍,臭气难闻。南丁格尔彻底改变了这一状况,把护理提高到"专门职业"的地位,为护士塑造了全新的职业形象,激励了成千上万的妇女投身于护理事业,南丁格尔因此被称为"现代护理工作的创始人",这对整个人类是一项空前的贡献。1907年,南丁格尔受到了英国国王爱德华七世的嘉奖,被授予荣誉勋章,她是第一位得到这一奖项的妇女。南丁格尔于1910年去世,享年90岁,遵照她的遗嘱,未举行国葬。

南丁格尔的杰出贡献不仅在于她杰出的实践活动和卓越的学术成就,更在于她为护理人员树立了一座灯塔,成为人类精神文明史上一道亮丽的风景线。"5·12"国际护士节是全世界护士的共同节日,就是为了纪念这位近代护理事业的创始人而设立的,这一天是南丁格尔的生日。

【素材出处】

百度百科:https://baike.baidu.com/item/弗洛伦斯.南丁格尔/1093;甄橙:《提灯女神》,《中国医学人文》,2015(05):67-68。(根据以上资料整理)

【案例点评】

南丁格尔的事迹包含以下思政元素。

(1)创造有意义的人生。南丁格尔年轻时,生活在舞会、沙龙,以及与贵族们的周旋之中。这种生活虽然表面看来令人称羡,但南丁格尔内心却一直感到十分空虚,觉得自己生活得毫无意义。一直到她决心选择把为人民服务的护士当作自己一生的职业后,她才强烈感受到生命的意义。

(2)积极进取的人生态度。面对恶劣的护理条件、艰巨的护理任务和亲人的不理解,南丁格尔从未退缩,她凭借自己的努力拯救了众多生命,开创了现代护理事业,提出了科学的护理理论,制定了医疗统计标准,推进了卫生改革,体现了她认真务实、乐观向上、积极进取的人生态度。

(3)人生价值的实现条件。任何人都只能在一定的主客观条件下去实现自己的人生价值。因此,正确把握人生价值实现的条件至关重要。实现人生价值要从社会客观条件出发,南丁格尔凭借自己的雄心壮志和坚定追求赢得了父亲的支持,得以施展自己的抱负;凭借在克里米亚战争中的出色表现赢得了各界人士的支持,得以成功创建世界上第一所正规的护士学校。同时,实现人生价值要从个体自身条件出发,南丁格尔用她的善良、慈爱、悲悯抚慰了每一位患者的心,用她的坚毅、执着、智慧、果断成就了伟大的事业。

(4)奉献精神。前线战争爆发,伤亡惨重,缺乏医疗保障,南丁格尔放弃优越的生活,主动奉献出自己的力量,勇敢地带领38名护士冒着生命危险奔赴救援。面对救护条件的恶劣、传染病的肆虐、医药和物品的不足,她并没有退缩,而是勇敢担当起救护的责任,将自己的财物用于为战地医院增添医疗设备,改善医疗条件,体现了她的奉献精神。

(5)创新精神。南丁格尔的一生始终伴随着科学与开拓创新的理念,她用科学的方法救护伤员,善于观察与总结,在医疗卫生上进行了方方面面的改革与管理,写出了著名的《医院笔记》《护理笔记》,体现出她的创新精神。

【教学建议】

本案例可用于《思想道德与法治》第一章第二节"积极进取的人生态度"部分、第一章第三节"创造有意义的人生"部分、第五章第三节"锤炼个人品德"部分的辅助教学;也可用于《马克思主义基本原理》第一章第三节"创新思维能力"部分的辅助教学。

(高志婕　尉迟光斌)

8 鼠疫斗士和中国公共卫生先驱——伍连德

【案例呈现】

伍连德(WU LIEN-TEH,1879—1960年),男,字星联,祖籍广东,生于马来西亚槟榔屿。剑桥大学医学博士,中国卫生防疫、检疫事业创始人,中国现代医学、微生物学、流行病学、医学教育和医学史等领域先驱,中华医学会首任会长,北京协和医学院及北京协和医院的主要筹办者,1935年诺贝尔生理学或医学奖候选人,也是首位华人诺贝尔奖候选人。

1910年秋的晚清东北三省,鼠疫四处蔓延。这场瘟疫的发源地是当时沙俄的西伯利亚地区。沙俄把中国工人和可能已经被传染的人同时用火车运送到中国,导致鼠疫进入中国东北,短短几个月时间便夺去数万人的生命。疫情重灾区哈尔滨笼罩在极度恐怖的氛围中,人们争先恐后地逃离这片寂静之地。日俄两国更以卫生防疫为由,准备抢夺东北三省的控制权。就在这时,在卫生防疫大臣的推荐下,伍连德身负国家重任来到疫区,救民于水火。他,是中国近现代医学界最早的"逆行者"。

鼠疫暴发初期,医疗设备极端缺乏,医护人员只有十几名,而且他们自身也没有隔离防护的意识,死亡人数持续上升。到达哈尔滨以后,伍连德与助手背负着法律的严令禁止和巨大的舆论压力,偷偷解剖了一具鼠疫患者的尸体,在尸体中发现鼠疫杆菌。他断定病毒的传染方式是飞沫传播,排除了老鼠作为传染源的可能性,"肺鼠疫"一词正式由他提出。因此,他鼓励人们佩戴口罩,主张以隔离鼠疫患者和限制人群流动为防控重点。然而,他的观点却遭到外国许多权威科学家的质疑,因为这与鼠疫只能由老鼠或者跳蚤传播而不能在人与人之间传播的传统观念背道而驰。日俄两国认为老鼠是此次疫情传播的途径,并开展了大规模的灭鼠行动,却没能阻止疫情的蔓延。法国著名医师、北洋医学堂首席教授梅聂坚决反对伍连德的观点,认为老鼠才是感染蔓延的关键。不巧的是,梅聂在给鼠疫患者做体格检查时未佩戴口罩,因而感染鼠疫去世了,临终前他终于承认此次鼠疫是经呼吸道传播的。

在缺乏有效治疗方法的情况下,伍连德指挥了一场疫情攻防战:将当时疫情最为严重的傅家甸分为四部分,每部分由具有防疫知识的医疗大员负责,并配备大量的医护人员及安保力量,实行责任区域制度;借调1160名步兵管控疫区内的交通,禁止疫区内的人员相互往来,并于1911年1月21日将东北三省与京、津等地的铁路交通完全关停,防止疫情继续蔓延到关内;借调了120节火车车厢作为隔离营。这样的创举,古今罕见。

然而,在采取一系列措施控制传染源、切断传染链后,效果依旧不好。伍连德发现,疫情使大量人员死亡,加之天气极度严寒,使得挖掘墓穴、埋葬尸体极其困难,大量堆积的尸体成了病菌的天然温床。他立即上书清政府,请求集中火化鼠疫死者尸体。这种做法与中国传统的殡葬习俗相悖,且中国人自古以来重视亡者尸骨,因此,这一要求遭到激烈反对。伍连德没有让步,表示愿意一人承担责任,并带着那些极力反对焚尸的乡绅参观堆积如山的尸体。看到遍地堆积的尸体,乡绅们理解了焚尸的必要性。于是,官员们和百姓一致上书清政府,表示愿意为了消灭疫情火化亲人的遗体。此后,死亡人数开始下降,1911年3月1日死亡和感染人数清零。这场骇人听闻的世纪鼠疫大流行在经历7个月后最终被控制,这是中国首次尝试采用现代科学卫生防疫理念抗击传染病且取得了瞩目的成就。伍连德鼠疫防治案例堪称世界流行病学史的典范,他率先带领中国防疫事业走向新的开端。

1911年4月,在伍连德等人的精心筹备下,万国鼠疫研究会议在奉天(沈阳)顺利召开,伍连德因为在控制东北鼠疫大流行中有着历史性的贡献而当选为大会主席。这是近现代在中国本土举办的第一次真正意义上世界范围的学术会议,提高了中国在国际科学界的地位,也极大地推动了中国公共卫生与预防医学的发展。此后,伍连德没有停下前进的脚步,继续参与后续的几次大规模的鼠疫和霍乱大流行的防治工作,并创下多个"第一":创办中国历史上第一个常设卫生防疫机构东三省防疫事务总处;创办中华医学会及其会刊《中华医学杂志》;参与创建首家国人独资经营的大型综合西医医院——北京中央医院(今北京大学人民医院);创建专门培养医学人才的滨江医学专门学校(今哈尔滨医科大学);为了维护国家主权,制定了第一部中国自己的《海港检疫章程》;用英文撰写并出版了第一部《中国医史》,向世界介绍中国医学史……

早在1924年,梁启超就对伍连德给予了极高的评价:"科学输入,垂五十年,国中能以学者资格与世界相见者,唯伍星联博士一人而已!"1935年,伍连德作为首位华人候选人获得诺贝尔生理学或医学奖提名,理由是:在肺鼠疫防治实践和研究中的杰出成就以及发现旱獭在其传播中的作用。

如果这些光芒太过耀眼,那么,日常生活中也有伍连德的贡献。如今的旋转餐台是他发明的,公筷、公勺是他建议使用的,2020年用以对抗新型冠状病毒的口罩就是以"伍氏口罩"为原型制成的,他的隔离、预防措施也发挥了重要作用。在他离世60年以后,他的学识和智慧依然守护着中国人民。

【素材出处】

毛艳梅,吴俊,潘海峰,等:《博学载医,赤心爱国——纪念鼠疫斗士和中国公共卫生先驱伍连德》,《中华疾病控制杂志》,2019(8):1021-1024;陈英云:《伍连德爱国主义精神的时代价值及实践意义》,《继续教育研究》,2018(10):51-57。(根据以上文献整理)

【案例点评】

伍连德的事迹包含以下思政元素。

(1)社会主义核心价值观之"爱国"。他毕业于剑桥大学,却回到满目疮痍的祖国,并且用自己的学识守护中国人民,这种选择源于对祖国和骨肉同胞深沉的热爱,他已经把自己的命运和国家、民族的命运联系在一起了。伍连德制定了第一部中国自己的《海港检疫章程》,用英文撰写并出版了第一部《中国医史》,向世界介绍中国医学史,体现他维护国家主权与形象的决心,用行动积极提升中国在国际社会中的地位。

(2)社会主义核心价值观之"敬业"。伍连德对卫生防疫事业的贡献举世瞩目。为了消灭鼠疫,他四处奔波,不辞辛苦,在拯救苍生于水火的同时还积极投身于中国的卫生防疫、检疫、医学教育、医院管理和医学交流的自强创业中,对中国公共卫生体系的建立和发展作出了卓越贡献,将对国家和人民的热爱转化成实际行动。

(3)社会主义核心价值观之"友善"。伍连德以济世为怀,践行着"仁者爱人""与人为善"的中华优秀传统文化。然而伍连德以济世为怀所表达的友善,并非是建立友好人际关系的技巧,而是以高超的医术传达着善的伦理、善的理念、善的价值。

(4)科学精神。伍连德通过解剖尸体发现了鼠疫杆菌在人与人之间的传播,正式提出"肺鼠疫"的概念,就算权威人士质疑、反对,他也毫不退缩。他果断使用分区负责和切断交通、建隔离营的方法来切断传染链,这种创举在今天依然发挥着极其重要的作用。这些举措体现了他客观理性、严谨求实的科学精神。

(5)一切从实际出发。一切从实际出发是马克思主义认识论的根本要求。伍连德从尸体大量堆积难以埋葬的实际出发,根据疫情传播规律,提出集中火化鼠疫死者尸体的主张,并在遭到反对时带着反对者参观堆积如山的尸体,让他们也了解到"实际",从而推动了正确主张的实施,最终战胜了疫情。这一过程说明只有注重事实,深入实践,才能真正做到从实际出发。

【教学建议】

本案例可用于《思想道德与法治》第三章第二节"做新时代的忠诚爱国者"部分、第四章第一节"社会主义核心价值观"部分、第五章第三节"锤炼个人品德"部分的辅助教学;也可用于《马克思主义基本原理》第二章第三节"一切从实际出发,实事求是"部分的辅助教学,由教师讲授,也可作为课前预习或课后补充材料提供给学生自学。

(隆娟　高志婕)

9　国际主义战士白求恩

【案例呈现】

白求恩,全名亨利·诺尔曼·白求恩(Henry Norman Bethune,1890—1939年),加拿大共产党党员,国际主义战士,著名胸外科医师。1890年,白求恩出生于加拿大安大略省的一个牧师家庭,1935年加入加拿大共产党,1938年来到中国参加抗日革命。1939年11月12日,他因给伤员做手术时感染细菌转为败血症逝世。

1916年,白求恩毕业于多伦多大学医学院,1922年被录取为英国皇家外科医学会会员;1923年,白求恩通过了非常严格的考试,成为英国皇家外科医院的临床研究生。学成后他回到美洲,无偿替穷人看病并且公开讨论美-加医疗体系的弊端,这些义举触及了同行的利益,他因此几乎成为行业公敌。1926年,白求恩不幸染上肺结核,为了给自己治病,他冒险发明气胸疗法,以自己为实验品治愈了肺结核。他也因祸得福成为这个领域的名医被邀请加入皇家医学会,成为加拿大胸外科开拓者爱德华·阿奇博尔德医生的第一助手。其间他发明和改进了十几种医疗手术器械,还发表了14篇有影响的学术论文。1935年,他被选为美国胸外科学会会员、理事,是享誉北美的胸外科专家。

1935年8月,白求恩参加了在苏联召开的第十五届国际生理学大会,在那里,他看到了"社会主义医疗制度"——全部免费和覆盖全员、由国家财政负担的福利医疗体制,并真心认为这是世界上最好的医疗制度。从苏联回国后,他加入了加拿大共产党。次年,西班牙内战爆发,46岁的白求恩放弃在加拿大的一切,立下遗嘱,赶赴西班牙参加反法西斯斗争。在离开西班牙前,他曾写下了自己的"墓志铭":生是资产阶级分子,死为共产主义者。

1938年3月,受加拿大和美国共产党的委托,白求恩抵达延安支援中国人民抗战。在延安工作了一段时间后,他奔赴晋察冀前线。刚到晋察冀前线时,毛泽东和党中央指示每月给他100元薪水,他回电拒绝,但党中央坚持,他只好收下并用这些钱来买医药和给伤员补充营养。此外,他还把自己带来的所有医疗器械和物品都捐给了前线。今天的人很难想象当时晋察冀前线物资匮乏的程度:缺少酒精,没有精盐和纱布,甚至连肥皂都缺,更不用说其他基本的药材。没有手术手套,白求恩只好裸手给伤员取弹片和碎骨头,并因此多次割破手指引起发炎。手指发炎后他舍不得给自己做手术和用药,只是在盐水中浸泡消毒,这也是他后来牺牲的主要原因。

为了给伤员争取更多救治的机会,白求恩一再要求手术台离前线越近越好。他做手术干净利落而且速度极快,这就意味着能挽救更多生命。他提出的战地外科手术三原则 CEF,close(近,离前线越近越好)、early(早,越早手术越好)、fast(快,手术速度越快越好),至今仍被奉为战场急救圭臬。广灵公路伏击战中,他在离前线不远的小庙里连续工作了 40 个小时,做了 71 台手术,这 71 名伤员没有一个死亡和重度感染。在之后的齐会战斗中,他又创下连续工作 69 个小时,为 115 个伤员做手术的记录。

除了外科手术,白求恩还创制了流动输血车和野战伤员急救系统,这被认为是当今各国现代军队普遍采用的野战外科医疗方舱的雏形。在中国敌后抗日根据地,他也是战地输血的开创者。1938 年夏,白求恩途经八路军第 120 师的后方医院,短短几天,他为 200 多名伤病员进行了诊治,给 20 多名重伤员做了手术。也是这一次,八路军的医务人员第一次接触到了输血技术。当时,白求恩给一个重伤员做下肢截肢手术,需要输血治疗,他果断地说:"我是 O 型血,输我的吧!"在他的带动下,后来又有一个医生和两个护士也给伤员输了血。之后,输血技术才在敌后抗日根据地的医院逐渐推广开来。

在工作中,白求恩对医护人员的要求到了严苛的程度,发现消毒不到位、手术器械没摆好、晚上护理人员值班打瞌睡、做手术时抽烟聊天、不肯为伤员洗澡洗脚、嫌伤口臭戴口罩等现象,他都会发火骂人。针对八路军的医务人员大多没有接受过专业训练的情况,他亲自编写教材、授课,并完成了重要的医学著作《游击战争中师野战医院的组织和技术》。

1939 年,白求恩决定回国一趟为中国抗日筹措资金和药品,顺便暂时休养。他左耳失聪,并且短时间内连续两次严重感染引发高烧,抵抗力已经非常差。就在他要成行之际,日军对晋察冀发动了猛烈攻击,他毅然推迟了回国的计划。1939 年 11 月,白求恩在高强度的密集手术中划伤手指而造成又一次伤口感染,并引发了败血症,于 12 日凌晨逝世。

白求恩在中国工作的一年半时间里抢救伤病员数千人,实施手术逾千例,帮助八路军建立数十个流动医院并指导制造大量医疗器械;同时,他还编写了四部教科书,创立了一所培训医护人员的学校。他为中国抗日革命呕心沥血,毛泽东同志称他为"一个高尚的人,一个纯粹的人,一个有道德的人,一个脱离了低级趣味的人,一个有益于人民的人"。

【素材出处】

华夏经纬网:《"八路军最老战士"白求恩:创治愈率世界纪录》,2014-10-30;王

海龙:《白求恩晋察冀手稿还原真实的白求恩》,《中外文摘》,2020(8):54-55。(根据以上资料整理)

【案例点评】

白求恩的事迹包含以下思政元素。

(1)共产主义信仰。白求恩是资本主义国家的社会精英,他在苏联见到了社会主义国家的福利医疗体制,认为这是世界上最好的医疗制度,并因此加入了共产党。他舍弃一切投身于西班牙反法西斯斗争,又不远万里来到中国,为中国人民的抗日革命鞠躬尽瘁,体现了他坚定的共产主义信仰。

(2)社会责任感。为了能给伤员争取更多生存的机会,他不顾危险,将手术台设在离前线最近的地方,对医护人员的要求也到了严苛的程度,体现了白求恩作为医生对伤病员高度的责任感和认真负责的工作态度。

(3)创新思维。白求恩根据战场急救的特点,总结出战地外科手术三原则,并创制了流动输血车和野战伤员急救系统,这是探索创新精神的体现。

(4)奉献精神。为了挽救更多伤员的性命,白求恩常常不顾劳累,连续工作几十个小时;他深知感染的危害,但他自己的手指多次受伤发炎时却一再选择将医疗物资留给伤员,最终因此牺牲,体现了他大爱无私的奉献精神。

【教学建议】

本案例可用于《思想道德与法治》第一章第二节"高尚的人生追求"部分、第二章第二节"增强对马克思主义、共产主义的信仰"部分的辅助教学;也可用于《中国近现代史纲要》第六章第五节"世界反法西斯力量对中国的援助"部分的辅助教学;还可用于《马克思主义基本原理》第七章第一节"共产主义社会的基本特征"部分的辅助教学。

(隆娟　高志婕)

10 "科学公仆"汤飞凡

【案例呈现】

汤飞凡(1897—1958年),著名微生物学家、病毒学家,沙眼衣原体的发现人之一,曾任北京生物制品研究所研究员、所长。他让世界对中国刮目相看,被誉为"东方的巴斯德"、世界"衣原体之父"。英国著名学者李约瑟(Joseph Needham)曾称赞他为"国家杰出的科学公仆""一个必须写在世界医学史上的中国人"。

汤飞凡出生于湖南醴陵的一个乡绅家庭,幼年时期常听父老乡亲谈论维新、改革,"学西方,学科学,振兴中华",这些思想不知不觉地渗透进他幼小的心灵。他从小在家乡看到百姓贫病交加,就立志学医,振兴中国的医学。1914年,他进入湘雅医学院学习,7年后成为该校首届毕业生之一,获得医学博士学位。毕业时,他对同学说,他想发明一种预防方法,使亿万人不得传染病。

1928年,他在哈佛大学学习期间,接到了湘雅医学院老校长颜福庆的信,信中邀请他回国到中央大学医学院任教,并详述了要面临的种种困难。即使知道回国后学术条件和生活条件都与国外相差甚远,但是有着满腔抱负的汤飞凡,毅然放弃留在哈佛大学的机会和优厚的条件回到祖国的怀抱,到正在创办的中央大学医学院任教,为我国的医学事业贡献力量。1929年春天,他来到上海负责筹建中央大学医学院的细菌学系。筹建工作几乎是从零开始的,他东拼西凑,勉强建了实验室,并利用简单的设备开始了研究工作,开启了中国病毒学研究的先河。

全面抗战爆发后,汤飞凡迅速奔赴抗日救亡的战场,参加了上海市救护委员会的医疗队,多次出生入死。淞沪会战爆发后,他受颜福庆的邀请,临危受命,在昆明白手起家重建中央防疫处。在条件极为困难的情况下,他带领团队研制出我国第一批青霉素,使中国成为世界上能够成功研制青霉素的七个国家之一,挽救了无数国人的生命。此外,他们还研究出牛痘苗、狂犬疫苗、世界上首支斑疹伤寒疫苗等,有力地支持了抗日战争,汤飞凡成了快速研制疫苗的代名词。1945年,他又克服重重困难,建立了中国第一个抗生素生产车间。1949年,他拒绝了美国的重金聘请,坚持留在这片生他养他的土地上。新中国成立后,他负责筹建国家卫生部生物检定所,主持制定了我国第一部生物制品规范——《生物制品制造检定规程》。他推行乙醚杀菌处理法,使我国在1960年就消灭了天花,比发达国家早16年。

从1954年起,汤飞凡致力于沙眼病原体的研究工作。沙眼作为一种古老的世界性难题已经存在了几千年。20世纪初,全球1/6的人患沙眼,中国沙眼发病率高达55%,偏远农村更是十人九沙。由于没有好的治疗方法且医疗条件差,很容易致盲。对于病因,此前比较流行的是"细菌病原说"。20世纪30年代初,汤飞凡为了验证这一说法是否正确,把日本学者野口英世分离的颗粒杆菌接种到自己及12名志愿者的眼睛里,证明该病原无致病性,推翻了"细菌病原说"。

1954—1955年,在经历多次失败后,他终于创造性地利用鸡胚分离出一株病毒,命名为"TE8",后被许多国家称为"汤氏病毒"。作风一贯严谨的汤飞凡并未急着发表论文,而是遵照科赫法则经过一系列严谨的实验证明TE8的滤过性。更加令人钦佩的是,他将这一病毒接种到自己的一只眼睛中,造成了典型的沙眼症状。为了观察全部病程,他强忍着病痛坚持工作,40多天后才接受治疗,无可置疑地验证了TE8对人类的致病性。此次实验收集到了可靠的临床资料,发现了沙眼病原体,解决了半个多世纪以来关于沙眼病原的争论。这项成果让医生得以对症下药,有效地控制了沙眼的传播。以上海为例,短短两年间就将沙眼的发病率从84%降到了5.4%。1970年,国际上将沙眼病毒及其他几种介于病毒和细菌之间、对抗生素敏感的微生物命名为"衣原体",汤飞凡被誉为"衣原体之父"。

从1930年开始,汤飞凡潜心研究,攻克了一个又一个难题,取得了开拓性的成就。截至1942年,他撰写了约50篇学术论文,许多论文至今都被作为经典文献。他发明了中国人自己的青霉素、狂犬疫苗、白喉疫苗、卡介苗、丙种球蛋白、牛痘苗及世界上首支斑疹伤寒疫苗,研制了新中国最早的无毒鼠疫活疫苗、黄热疫苗。有生之年,他实现了自己的理想:让亿万人不得传染病。

【素材出处】

孙硕:《汤飞凡:细菌学的拓荒者》,《科学中国人》,2019(5):77-79。(根据以上文献整理)

【案例点评】

汤飞凡的事迹包含以下思政元素。

(1)爱国情怀。他幼年时看到家乡父老贫病交加,立志学医报国,学成后放弃留在哈佛大学的机会和优厚条件,回到战乱中的祖国,并为国家的医学发展作出卓越贡献,战争结束后拒绝去美国,体现了他对祖国的忠诚与热爱、与国家民族命运休戚与共的信念以及为祖国发展而奋斗的责任担当。

(2)科学精神。他对国际上流行的"细菌病原说"不盲从,通过实验验证这一说法是否正确,后来又经过多次失败,最终创造性地用鸡胚分离出TE8,并遵照科赫法则经过一系列严谨的实验证明TE8的滤过性,充分体现了他客观理性、严谨求实、探索创新的科学精神。

(3)理想信念的作用。理想指引方向,信念决定成败。汤飞凡通过一生的奋斗攻克了一个又一个难题,终于实现了人生理想:让亿万人不得传染病。这一过程体现了在青年时期树立崇高理想信念的重要作用。

(4)艰苦奋斗的精神。抗战期间他临危受命,在条件极为困难的情况下带领团队研制出青霉素、牛痘苗、狂犬疫苗、世界上首支斑疹伤寒疫苗等,之后又克服困难建立抗生素生产车间,体现了艰苦奋斗的精神。

(5)奉献精神。汤飞凡为了科学研究,先后把细菌和病毒接种到自己的眼中,体现了他为科学献身的精神。

(6)民族自信心。他在微生物学和病毒学领域作出的突出贡献让世界对中国刮目相看,他被誉为"东方的巴斯德"、世界"衣原体之父"、"国家杰出的科学公仆",令中国人自豪。

【教学建议】

本案例可用于《思想道德与法治》第二章第一节"理想信念是精神之'钙'"部分、第三章第二节"做新时代的忠诚爱国者"部分、第五章第三节"锤炼个人品德"部分的辅助教学;也可用于《中国近现代史纲要》第六章第二节"中国人民奋起抗击日本侵略者"部分的辅助教学,可讲授,亦可让学生自学。

(高志婕　黄俊)

11 "万婴之母"林巧稚

【案例呈现】

林巧稚(1901—1983年),我国妇产科奠基人。她是北京协和医院第一位中国籍妇产科主任,新中国第一位女院士。她一生未婚,却接生了包括袁隆平院士在内的5万多个婴儿,被尊称为"万婴之母""生命天使""中国医学圣母"。

林巧稚出生于厦门鼓浪屿的一个教员家庭,自幼跟父亲学了一口流利的英语。5岁时,她母亲患宫颈癌病故,她是在父亲的哺育、兄长的疼爱下成长的。1921年,林巧稚报考了北京协和医科大学。考试那天,与她结伴的女同学中途中暑,她毫不犹豫地停止考试,迅速查看女同学的身体状况,并且对她展开了急救。当她返回考场时,考试时间已过,她无法继续作答。但她抢救同伴刚好被考官看到,她的医者仁心和沉着冷静打动了考官,再加上她流利的英语和优异的其他各科成绩,学校决定破格录取她。

1929年,林巧稚从北京协和医科大学毕业并获得博士学位。由于表现出色,她被留在北京协和医院,工作成绩突出,提前三个月晋升为住院医师,3年后获得了派往英国学习的机会;1939年又被派往美国进修,1940年美国聘请她为自然科学荣誉委员会委员。回国后,她把一生都献给了祖国的妇产医疗事业。

抗日战争期间,北京协和医院被迫关闭,很多人因为失业都离开了,林巧稚却拒绝离开,在东堂子胡同开了个诊所。她因此接触了很多北京市底层妇女,不仅为她们科普日常护理知识,还尽可能地治疗每一个来求助的人,能吃药敷药就好的病,绝不让她们多花钱去打针,实在付不起医药费的,她就免费进行治疗。在她的出诊包里,除了产钳、药品以外,她总是会放些钱,用来接济那些经济困难的产妇和患者。林氏诊所开业不足六个年头,就存有病案八千多份。1946年,形势终于有所好转,北京协和医院重新开张,经院方再三邀请,她才关停了诊所回到北京协和医院。

20世纪50年代,一名女工因新生儿溶血症连续夭折了三胎,她抱着最后的希望写信向林巧稚求助。患溶血症的新生儿当时在国内还没有成活的先例,为了圆这名女工的母亲梦,林巧稚查遍国外最新的医学信息,还请教了众多医学泰斗,经过日复一日的攻坚,她大胆地提出"换血疗法"。这个想法很新颖但太过冒险,一旦失败,她可能连工作都没了。尽管困难重重,她还是坚持用这个办法挽救孩子。征得孕妇的同意后,到临产时,林巧稚为她接生。因为溶血症导致出现黄疸,孩子一出生皮肤就慢慢变黄,体内红细胞被大量破坏。危难之际,林巧稚指导医护人员用非常精准的操作给孩子换血:切开脐静脉,每分钟抽出15毫升病血,再滴入8毫升新鲜血液。为了减少疾病的反复,他们一共为孩子换了三次血,婴儿的黄疸症状终于消失了,脸色也慢慢红润起来,生命体征越来越明显。这种"换血疗法"开创了中国第一例换血成功的案例,后来挽救了无数患溶血症的新生儿。

1956年,中国第一个妇产专科医院——北京妇产医院建成,林巧稚担任第一任院长。1958年,她又在北京组织医护力量对80万名妇女进行了以宫颈癌为重点的妇科普查。在她的带动下,上海、广州等大城市也相继进行了类似的普查,孕妇开始受到医疗监护,并开始享有产假。此外,她还指导完善了妇产科的几个亚专业和亚学科,如产科、妇科,以及妇科肿瘤、生殖内分泌、计划生育等。

林巧稚不仅自己医术超群,还为祖国的妇产科事业培养了很多优秀人才。她注重细节,强调所有的检查和治疗都是方法和过程,其目的是对患者的关爱和呵护。她常说:"医生给病人开的第一张处方,应是关爱。"她教育妇产科所有的人,救活一个产妇、孕妇,就是救活了两个人。人们为了感谢她的救命之情,就把她接生的孩子起名"念林""爱林""敬林""仰林"等,以示对她的永久纪念。

1978年,她在访问英国的途中患病返回中国。经检查,人们才知道她已饱受高血压动脉硬化、心脏病、脑血栓等病痛折磨多年。患病期间,她一直笔耕不辍,于4年后完成50万字的《妇科肿瘤学》。1983年4月22日,为患者和工作奉献了一生的林巧稚病逝于北京,享年82岁。而在逝世的前一天,她还接生了6个孩子。

终生未婚的林巧稚生前说自己"唯一的伴侣就是床头那部电话机",而"平生最爱听的声音,就是婴儿出生后的第一声啼哭"。在她的墓碑上写着一句话:只要我一息尚存,我存在的场所便是病房,存在的价值便是医治病人。

【素材出处】

李和新:《中国好医生-林巧稚》,《中国实用医药》,2019(24):199-202;新浪财经:《她一生未婚,却有了5万多个孩子,包括袁隆平》,2020-07-27,https://baijiahao.baidu.com/s?id=1673288846746927481;何书彬:《"万婴之母"林巧稚》,《同舟共进》,2020(10):33-36。(根据以上资料整理)

【案例点评】

林巧稚的事迹包含以下思政元素。

(1)社会主义核心价值观之"敬业"。林巧稚对产妇和婴儿有着强烈的责任感,只要患者有需要,她会随时出现在病房。她将一生都献给了我国的妇产医疗事业,甚至逝世的前一天还在接生,体现出高度的敬业精神。

(2)社会主义核心价值观之"友善"。林巧稚为了抢救同伴而停止考试,强调在医疗过程中要始终贯穿对患者的关怀和尊重,在抗日战争期间留在北京开设诊所满足妇女的医疗需求,还接济困难的产妇和病人,她用一生践行了医疗工作者的友善仁爱之心。

(3)人生价值的实现条件。任何人都只能在一定的主客观条件下去实现自己的人生价值。因此,正确把握人生价值实现的条件至关重要。实现人生价值要从社会客观条件出发,林巧稚以自己的勤奋努力和出色表现抓住了每一次求学和深造的机会,并在实践中磨砺成长,使得自己拥有了高超的医术。同时,实现人生价值要从个体自身条件出发,林巧稚用女性特有的细腻、体贴、慈爱温暖着每一位患者,才能成为医术高超、医德高尚的著名的医学家。

(4)创新思维。在患溶血症的新生儿没有成活先例的情况下,她创造性地用脐静脉换血的方法治疗新生儿溶血症,填补了中国妇产科医学的空白,体现了创新思维能力。

【教学建议】

本案例可用于《思想道德与法治》第一章第二节"正确的人生观"之"人生价值的实现条件"部分、第三章第三节"让改革创新成为青春远航的动力"部分、第四章第一节"社会主义核心价值观"部分、第五章第三节"锤炼个人品德"部分的辅助教学;也可用于《马克思主义基本原理》第一章第三节"创新思维能力"部分的辅助教学。教师上课简单介绍,素材可提供给学生课后学习。

(隆娟　黄俊)

12　我国微生态学奠基人——魏曦

【案例呈现】

魏曦(1903—1989年),新中国第一批中科院学部委员(院士),一生致力于中国预防医学和生物制品的研究,是我国微生态学奠基人。

魏曦出生于湖南岳阳,中学时代就积极参加进步学生团体并投入反帝爱国运动。目睹家乡人民贫病交加、瘟疫连年,他决定学医报国。1924年,他进入湘雅医学专门学校,因支持共产党北伐而被迫中断学业,随后投笔从戎。1928年,他考入中央大学医学院,后因生活窘迫得了肺结核,不得不辍学一段时间,但他从未放弃对科学的追求。

20世纪20年代,微生物学在医学上的重要作用已经引起国内外研究者的关注和重视,魏曦对此产生了浓厚的兴趣。经过潜心研究和反复试验,1933年他以论文《肺疽的细菌学》获得医学博士学位并进入上海雷士德医学研究院。1933—1937年,他从助理研究员到研究员,首次创新利用鸡胚培养回归热螺旋体并研究其生活史;与汤飞凡第一次合作在中国研究了牛胸膜肺炎支原体,改进了吉姆萨染色法,是我国最早研究支原体的学者之一。

九一八事变之后,魏曦的科学研究也被迫中断,为了能够在科研上继续突破,他于1937年春赴哈佛大学进修细菌学和免疫学,并进入了新的领域——立克次体学。通过改进固体培养基的成分和改变直接培养立克次体组织,他成功地繁殖了斑疹伤寒立克次体。这项发明可以用来大量生产疫苗,在当时属于世界领先技术,魏曦因此获奖。这一成果还启发了同一时期的恩德斯(John Franklin Enders)博士,后者用单层细胞培养法成功培养出脊髓灰质炎病毒,并获得1954年的诺贝尔生理学或医学奖。

1939年,魏曦学成归国。日军发动第一次湘北会战,他迅速走上战场,参加了战地医疗救护。中国军队药物匮乏,特别是缺少抗击毒气的生物制剂,导致伤亡惨重,这令他悲愤交加。此时,他接到汤飞凡的来信,赶赴昆明,在简陋的实验室开始生物制品的研究工作。抗战期间,抗生素备受青睐,而青霉素的生产工艺属于军事机密,产量也无法满足需求,魏曦提出了自制青霉素的想法。从1941年到1944年,他们经过上百次实验和自制设备、土法上马,终于生产出每瓶2万单位的国产青霉素。此外,伤寒疫苗、天花疫苗、白喉疫苗等生物制品的质量也达到欧美同类产品的水平,不但供应了前线和大后方,还支援了陕甘宁边区,也为日后支援缅甸、太平洋战区盟军奠定了基础。

1945年，缅甸边境的英美盟军中流行一种"不明热"病，严重威胁军队的战斗力。魏曦受邀到达现场后，经过实地调查和反复实验，证明这种病是恙虫病，而不是预先估计的斑疹伤寒。当采用了针对恙螨的防治措施之后，"不明热"得到了控制，他因此获得哈佛大学考察团的战时功绩荣誉勋章。1947年，魏曦在上海和助手用蚕蛹培养立克次体获得成功。1948年，他与党组织取得了联系，并在组织的安排下来到大连。在大连期间，他首创研制出干燥牛痘苗，解决了液体牛痘苗运输中失效的问题，因此获得东北人民政府卫生部科研成果一等奖。1951年，魏曦奔赴朝鲜战场，参加中国政府组织的反对美军发动细菌战的调查团，他从美军投掷的细菌武器中分离出鼠疫杆菌和霍乱弧菌，以科学证据揭露美军的罪行，因此获得朝鲜民主主义人民共和国二等国旗勋章。

新中国成立后，他受卫生部委派，指导和参与了大连、昆明等地大型生物制品所的创建工作，为我国独立生产品种多、质量高的生物制品作出了突出贡献，在立克次体学的研究上也有多项突破。20世纪50年代，他针对斑疹伤寒疫苗生产的关键问题进行研究，与助手经过人兔交替喂养，驯化虱种，培养出兔化人虱虱种，结束了生产该疫苗需要人喂虱的痛苦。他指导研究人员对我国部分地区和人群进行立克次体血清学调查，发现人畜中存在Q热、北亚热。70年代，年逾古稀的他还主编了我国第一部立克次体学专著——《医用立克次体学》。

魏曦对中国人畜共患的自然疫源性疾病研究也颇有建树，组织、参与或指导考察，确定了钩端螺旋体疫源地，发现了立克次体、螺旋体等引起的数十种人畜共患病。他也是我国钩端螺旋体研究带头人之一，1958年他成功研制出我国第一代钩端螺旋体菌苗，后来又解决了副反应问题。他还是我国微生态学和微生态制剂研究的创始人和奠基人，早在20世纪50年代，他就敏锐地指出要关注抗生素的副作用，并较早地提出采取菌群调整的治疗方法，在他的指导下，科研人员1980年开发了活菌制剂。他对中国的科普事业也作出了很大贡献，倡导成立了中华预防医学会微生态学学会，参编《微生态学》《正常菌群与健康》。1982年，魏曦加入共产党。1989年，他病逝于北京，享年86岁。

【素材出处】

青宁生：《我国微生态学的奠基人——魏曦》，《微生物学报》，2008(3)：插1-插2；秦小燕：《魏曦：奠基我国微生态学》，《湘潮》，2015(7)：35-38。（根据以上文献整理）

【案例点评】

魏曦的事迹包含以下思政元素。

(1)家国情怀。魏曦少年时期看到国家积贫积弱,就立志学医报国,并为此奋斗一生。在抗日战争中、在抗美援朝中,他都作出了卓越的贡献,体现了对国家、人民的忠诚与热爱,以及对国家命运的责任担当。

(2)科学精神。菲茨帕特里克用固体组织斜面培养法繁殖斑疹伤寒立克次体屡次失败,魏曦通过改进固体培养基的成分和改变直接培养立克次体组织等方法,获得了成功,首创研制出干燥牛痘苗,解决了液体牛痘苗运输中失效的问题,体现了探索创新的科学精神。

(3)独立自主。抗战期间需要大量抗生素,青霉素的生产工艺属于军事机密,魏曦等人通过实验和自制设备,成功生产出国产青霉素和伤寒疫苗、天花疫苗、白喉疫苗等生物制品,有力地支持了抗日战争。

(4)人文素养。他针对斑疹伤寒疫苗生产的关键问题进行研究,与助手培养出兔化人虱虱种,结束了生产该疫苗需要人喂虱的痛苦,体现了他的人文情怀。

【教学建议】

本素材中魏曦关于立克次体的研究情况可用作《毛泽东思想和中国特色社会主义理论体系概论》第一章第二节"毛泽东思想的主要内容和活的灵魂"之"独立自主"部分的案例素材;也可用于《中国近现代史纲要》第六章第二节"中国人民奋起抗击日本侵略者"部分、第八章第一节"抗美援朝,保家卫国"部分的辅助教学;还可用于《思想道德与法治》第三章第一节"弘扬以爱国主义为核心的民族精神"部分、第五章第三节"锤炼个人品德"部分的辅助教学及相关考核。

(隆娟　姚小飞)

13　中国外科之父——裘法祖

【案例呈现】

裘法祖(1914—2008年),浙江杭州人,著名医学家、中国现代普通外科的主要开拓者、肝胆外科和器官移植外科的主要创始人和奠基人之一、晚期血吸虫病外科治疗的开创者、中国科学院资深院士,被誉为"中国外科之父"。

1914年,裘法祖出生于杭州西子湖畔,1932年考入上海同济大学医学预科。1933年,他的母亲患阑尾炎,在痛苦中离世,而这种病在西方只需要做个简单的手术就能解决。从那时起,他立志要学好医术,解除千万母亲的病痛。1936年,在姐姐的资助下,他赴德国留学。由于经济窘迫,他在德国生活得非常艰辛。后来,战争导致他的经济来源中断,在导师博斯特教授的帮助下,他才得以完成学业。1939年,他以总分第一的成绩完成了14门专业课的考试,并顺利通过答辩,获得博士学位。

毕业后,他进入慕尼黑大学医学院的教学医院——施瓦宾医院工作,师从外科学家布龙纳教授。在那里,他积累了丰富的临床经验,而且布龙纳医德高尚,对他也起到了潜移默化的熏陶作用。1946年,他被提升为外科主任,这在当时的德国史无前例。1946年底,他带着家人回到祖国,并于次年进入同济大学附属医院(今同济医院)外科工作。新中国成立之初,我国外科医学还处在只能做阑尾炎等小手术的初级水平,能熟练做大手术的裘法祖很快远近闻名。20世纪50年代初,同济大学医学院迁往武汉独立建校,他再次舍弃优越的生活条件,从上海来到武汉。

那时外科还没有分科,裘法祖认为传统的"大外科"已经不能适应外科医学发展的需要,于是他率先将外科分为普通外科、骨外科、泌尿外科、神经外科、脑外科等,并多次在学会上介绍自己的操作方法,奠定了今天医学手术专科概念的基础。他的手术轻柔细腻,步骤有序,敏捷利落,慎重稳妥;在遇到突发状况时,他又能沉着冷静,及时发现问题。在操作方法和手术风格上,他形成了一套手术常规,有严明的操作规范。他改进了20多种普通外科手术方法,特点是稳、准、轻、细、快,以精准见长,被称为"裘氏刀法"。几十年来,裘法祖的手术未错一刀,开启了中国外科手术的新时代,裘法祖被人们尊称为"中国外科之父"。面对这样的荣誉,他却非常谦逊地说,自己远远配不上这样的称号,黄家驷等前辈才是"中国外科之父"。

20世纪60年代,器官移植作为新技术开始崭露头角,这是一项意义重大、影响深远的医术。裘法祖很快就带领学生开始器官移植试验,试验从狗的异体移植开始,在经历多次失败后,终于获得成功,在国内形成轰动效应。上海的同行慕名前来学习,他毫无保留地把经过和经验都告诉对方,他说:"如果他们借鉴了我们的经验能够获得成功,这也是我们的成功,中国的成功。"在上海的同行获得成功后,裘法祖连续做了13例器官移植手术,全部成功。后来,他长期引领我国的器官移植事业。

裘法祖一生获奖无数,而在所有的荣誉中,他最看重的是"全国医德风范终身奖"。他常说:"只有好的医德、医风,才能发挥医术的作用。"他对手术极其负责,术前亲自清点器械、纱布,术后再一一核对,决不因为工作疏忽给患者造成痛苦。他对一些医生习惯依赖CT、B超等检查结果的做法颇有微词,认为很多病无须使用费用昂贵的仪器,普通检查就可以查出来。所以,他看病时一定要亲自摸一摸、听一听,如果是冬天,他还会把听诊器焐热了再给患者做检查。

裘法祖不仅精于医术,还善于发掘和培养新人。作为人民教育家,他以自己的科学态度、技术特色、道德情操和人格风范影响了外科学界几代人。他的学生中有不少是我国外科学界的骨干和带头人,包括"中国肝胆外科之父"吴孟超、断肢再植术创始人之一钱允庆、器官移植专家陈实、外科专家吴在德等。在众多学生中,他与吴孟超五十多年的师生情更是被传为佳话。受卫生部委托,他负责主编全国高等医学院校外科学教材。他组织人选,草拟初稿并讨论修改,有时为了一句话、一个字反复推敲。二十多年间,他组织编写了五年制、八年制和研究生教材共一百余本,以及《黄家驷外科学》《普通外科学》等多部外科学经典著作。

裘法祖注重教书,更注重育人。他经常告诫学生:医术不论高低,医德最是要紧。他对从医者的素质要求极高,认为"德不近佛者不可以为医,才不近仙者不可以为医"。他还不厌其烦地教育学生:"做人要知足,做事要知不足,做学问要不知足。"如今,这句话已经成了很多人的座右铭。在做人方面,他也有句箴言:"一身正气,两袖清风,三餐温饱,四大皆空",这16个字是对他一生的真实写照。

【素材出处】

梅兴无:《医者仁心裘法祖》,《同舟共进》,2021(2):41-45。(根据以上文献整理)

【案例点评】

裘法祖的事迹包含以下思政元素。

(1)爱国主义。裘法祖在德国工作,生活已经稳定,但抗战胜利之后他毅然回到祖国,把一生献给我国的外科医疗和教育事业,并作出了卓越贡献,体现了他对国家的热爱和为祖国的医疗事业发展而奋斗的责任担当。

(2)职业道德。他重视并强调医德在医疗中的作用,认为"德不近佛者不可以为医",他对患者有着高度的责任感,设身处地为患者着想,绝不因工作疏忽给患者带来痛苦;为了更好地治疗患者,他精益求精,创造"裘氏刀法",几十年未错一刀;负责主编外科学教材时,为了一句话、一个字反复推敲。这些都体现了他高度的敬业精神。他以自己的科学态度、技术特色、道德情操和人格风范影响了几代人,在改革开放和打开社会主义现代化建设的新局面中作出了卓越贡献。

(3)创新思维。他率先对外科进行分科,积极探索器官移植技术,并创新和改进了"胃底横断术""贲门周围血管离断术"等20多种手术方式,体现了他锐意进取、勇于探索创新的精神。

(4)为人民服务。为人民服务是社会主义道德观的集中体现。为提升我国医疗水平,裘法祖团队将长期探索获得的异体移植技术毫无保留地告诉同行。为发掘和培养新的医疗人才,他负责主编全国高等医学院校外科学教材,承担教书育人的工作,体现了他为人民服务的道德追求。

【教学建议】

本案例可用作《思想道德与法治》第三章第一节"弘扬以爱国主义为核心的民族精神"部分、第五章第三节"锤炼个人品德"部分的案例素材;也可用于《中国近现代史纲要》第九章第二节"改革开放和社会主义现代化建设新局面"部分的辅助教学及相关考核。

(隆娟　高志婕)

14 人民医学家吴孟超

【案例呈现】

吴孟超（1922—2021年），男，1922年生于福建闽清县。1927年随母亲赴马来西亚投奔父亲，1940年归国求学。1949年7月毕业于上海同济大学医学院，1991年当选为中国科学院院士，1996年被中央军委授予"模范医学专家"荣誉称号，2005年获国家最高科学技术奖，2011年当选为"感动中国人物"。

作为中国肝胆外科的开拓者和创始人，吴孟超在长达70多年的从医生涯中，用"济世之术、济世之德、济世之魂"成功救治了16 000多名患者，直到96岁高龄还坚持每周两三台手术。他和他的团队创造了中国乃至世界医学界肝胆外科领域的一项又一项奇迹：主刀完成了我国第一例成功的肝脏手术；翻译了第一部中文版的肝胆外科入门专著；制作了中国第一具肝脏血管的铸型标本；创造了间歇性肝门阻断切肝法和常温下无血切肝法；完成了世界上第一例中肝叶切除手术；切除了迄今为止世界上最大的、重达36斤的肝海绵状血管瘤；完成了世界上第一例在腹腔镜下直接摘除肝脏肿瘤的手术；为一名仅4个月大的女婴切除了肝母细胞瘤，创下了世界肝母细胞瘤切除患者年龄最小的纪录……由于他和他学生的努力，我国的肝癌患者术后5年生存率由二十世纪六七十年代的16.0%，上升到八十年代的30.6%和九十年代以来的48.6%。2011年5月，为了表彰他在肝胆外科的杰出成就，国际小行星中心将17606号小行星命名为"吴孟超星"。

对于祖国和人民，他是赤子，始终把祖国和人民的需要作为自己努力的方向。1940年他毅然回到战火纷飞的祖国，1943年成为"中国外科之父"裘法祖的学生。在选择方向时，他听从导师的意见，选择了我国发病率高、治疗技术几乎为空白的肝胆外科，走上了医学报国之路，并立志要让中国肝胆外科站到世界最前沿。当时，中国肝胆外科没有教科书，没有符合正常生理的肝脏解剖理论，没有成功的肝癌切除手术先例。经过他和同行的艰苦努力，改革开放初期，中国的肝胆外科一跃成为世界的领跑者。1956年，他实现了加入党组织的夙愿，此后，无论身处什么样的环境、受到什么样的挫折和委屈，他对党的信仰都没有丝毫动摇。

对于患者，他是仁者，总是设身处地为患者着想。他常说："一个好医生，眼里看的是病，心里想的是人。"他的"吴氏刀法"快、准、稳，直奔主题，缩短手术时间，减少创面出血，患者恢复快、存活率高。他对待患者非常认真，查房时会仔细向医生询问患者化验单上的每一个数据，不放过病历上的每一个错字，他最讨厌别人说"差不多""好像是"。他经常拉着患者的手问诊,还用手触摸患者的额头,感受他们的体温。冬天,他总是要把手搓热了再给患者做检查。他对收红包的行为深恶痛绝,要求医生用最简单、最便宜、最有效的方法为患者治疗,还多次给贫困的患者捐款。

对于学生,他甘为人梯,致力于培养优秀的医学人才。他深知,要从根本上解决中国的肝癌问题,就必须培养一大批优秀人才,同时开展基础研究。1978年,吴孟超顶着压力申请培养硕士,1981年又开始培养博士。1990年,他带着8名学生参加中华医学会第五届中青年学术交流会,经评比,8人全部获奖,并取得了"团体冠军"荣誉。他一生培养了260多名硕、博士研究生,对每一名学生都倾注大量的心血。无论多忙,他都会亲自帮研究生选课程、定课题,定期布置和指导论文。这些人绝大多数都成为我国肝胆外科的中坚力量。他从不害怕被学生超越,总说"只有被学生超过的老师,才是一个成功的老师"。

1996年,吴孟超将获得的各类奖金全部捐出,设立了"吴孟超肝胆外科医学基金";2006年,他将国家和部队奖励的600万元全部捐给单位,用于人才培养;2019年,他主动带头、积极响应国家推行的院士退休制度,光荣退休,又一次为军队各级干部作出表率。

回想走过的人生路,吴孟超说:"选择回国,我的理想有了深厚的土壤;选择从医,我的追求有了奋斗的平台;选择跟党走,我的人生有了崇高的信仰;选择参军,我的成长有了一所伟大的学校。"2021年5月,吴孟超因病医治无效在上海去世,享年99岁。

【素材出处】

百度百科:https://baike.baidu.com/item/吴孟超/982182?fr=aladdin;陈劲松:《人民医学家吴孟超》,《光明日报》,2011-04-29(01)。(根据以上资料整理)

【案例点评】

吴孟超的事迹包含以下思政元素。

(1)爱国主义。他在战乱年代回到祖国,并将国家和人民的需要作为自己终生奋斗的目标,在肝胆外科领域作出卓越贡献,体现了他对国家的热爱、忠诚和担当。

(2)职业道德。他一生挽救了16 000多人,创造了中国乃至世界医学界肝胆外科领域的一项又一项奇迹,将"吴氏刀法"练得炉火纯青,以减少患者的痛苦,而且对化验单的每项数据都会仔细询问,体现了他高度的职业责任感和精益求精的工作态度。

（3）独立自主。在中国肝胆外科没有教科书、没有符合正常生理的肝脏解剖理论、没有成功的肝癌切除手术先例的情况下，吴孟超和他的同事通过拼搏，创造了中国乃至世界医学界肝胆外科领域的一项又一项奇迹，使我国治疗技术几乎为空白的肝胆外科一跃成为世界的领跑者，体现了独立自主的探索和实践精神。

（4）奉献精神。他不计较个人的名誉和得失，一心为患者，为我国的肝胆外科医疗和教育事业兢兢业业，获得的奖金也全部用于培养人才，甘为人梯，体现了强烈的奉献精神。

（5）推动社会主义现代化建设。中国人肝病发病率高，吴孟超团队艰苦奋斗，使中国肝胆外科站在世界前沿，赢得了国际医学界的高度肯定，提升了国家综合实力。他在医学领域推动了中国的改革开放和现代化建设，成为现代化建设中的一座丰碑，是现代化建设中的时代楷模。

（6）成就出彩人生。吴孟超晚年回想人生时，他说："选择回国，我的理想有了深厚的土壤；选择从医，我的追求有了奋斗的平台；选择跟党走，我的人生有了崇高的信仰；选择参军，我的成长有了一所伟大的学校。"这说明只有把自己的小我融入祖国的大我、人民的大我之中，与历史同向、与祖国同行、与人民同在，才能更好地实现人生价值、升华人生境界。

【教学建议】

本案例可用于《思想道德与法治》第一章第三节"成就出彩人生"部分、第三章第一节"弘扬以爱国主义为核心的民族精神"部分、第五章第三节"锤炼个人品德"及"恪守职业道德"部分的辅助教学及相关考核；也可用作《毛泽东思想和中国特色社会主义理论体系概论》第一章第二节"毛泽东思想的主要内容和活的灵魂"之"独立自主"部分的案例素材；还可用于《中国近现代史纲要》第九章第三节"改革开放和现代化建设的跨世纪发展"部分的辅助教学。

（隆娟　高志婕）

15 "糖丸爷爷"顾方舟

【案例呈现】

顾方舟(1926—2019年),祖籍浙江宁波,1926年生于上海,1948年加入中国共产党,1950年毕业于北京大学医学院,1955年获苏联医学科学院医学科学副博士学位,曾担任中国协和医科大学校长、中国免疫学会名誉理事长,被评为英国皇家内科学院(伦敦)院士、世界科学院院士等。因为在消灭脊髓灰质炎的过程中贡献巨大,顾方舟被称为"中国脊髓灰质炎疫苗之父"。

脊髓灰质炎,又称"小儿麻痹症",是一种致残致死的恶性传染病。二十世纪五十年代,脊髓灰质炎病毒在全国流行,特别是江苏南通和广西南宁,发生过大暴发。这种病大部分是隐性感染,没有特殊症状,只有发烧咳嗽,且不造成肢体瘫痪。虽然隐性感染对患儿本身不会造成严重后果,但是病毒会在肠道繁殖,排泄出来还会传染给别的孩子,有的患儿感染病毒,成为显性感染,病毒侵犯到脊髓神经的哪一部分,哪一部分支配的运动功能就会有障碍,更严重的是侵犯延髓的呼吸中枢造成呼吸麻痹,会导致死亡。这个病是儿童致残的主要杀手,因为缺乏有效的治疗方法,只能依靠接种疫苗产生免疫保护反应来预防。当时欧美等国对我们实施技术封锁,随着中苏关系恶化,苏联也停止了对我国的技术援助,这就意味着我们需要自力更生研发疫苗。

顾方舟在苏联学习考察期间,参加了国际性的脊髓灰质炎疫苗的学术会议,在会议上掌握了学术界对死疫苗和活疫苗的种种对立观点。在向卫生部汇报、确定中国自己的脊髓灰质炎疫苗方案时,他依据扎实的专业知识和其苏联导师的建议,从中国国情出发,确定以活疫苗为接种方案。科学疫苗路线的确立,为后来消灭脊髓灰质炎奠定了坚实的基础。

顾方舟带领科技人员经过攻关,脊髓灰质炎活疫苗(下称脊灰疫苗)研制成功,并通过细菌培养和动物毒力实验等一系列检查确定了活疫苗的安全性。本着对自己研发疫苗质量的信心和对儿童安全负责的责任心,他带头服用脊灰疫苗,亲身证实了活疫苗的安全性。但这种疫苗的接种对象主要是7岁以下的儿童,成年人服用安全,还需要在适龄儿童人群中也证实服用安全。当时,顾方舟的大儿子刚出生不久,他义无反顾地把自己的儿子招募为疫苗的第一批志愿者。他说:"我们搞这一行的,心里有数,不像别的人还挺害怕,我不能够随便拿孩子去冒这个险,我自己的孩子不吃,让别人吃,这不太仗义。"第一期临床实验需要10名志愿儿童,超过半数的都是科研人员的孩子。后续的临床实验验证了活疫苗的安全性和有效性,为我国儿童抵抗脊髓灰质炎提供了强有力的武器。

疫苗研制成功只是第一步,要在全国推广,还需要上亿剂的疫苗量,扩大生产是一项重要任务。因为脊灰疫苗需要通过猴子肾脏细胞的上皮细胞培养,还需要在猴脑内、脊髓内注射而不发病,通过了毒力实验才能使用。为解决这个问题,国家准备在生物资源丰富的云南昆明成立猿猴生物站、医学生物学研究所,既可以生产疫苗,又能利用猴子做医学实验来研究医学上的问题。当时昆明经济落后,生活条件艰苦,基地又在深山,从头建设非常困难。顾方舟主动请缨,并说服母亲和妻子,携带一家老小从北京来到昆明。

面对一片荒芜的山地,顾方舟带领大家开荒,自己动手,创造生活和科研生产条件,既有繁重的体力劳动,还要培养技术人员。从生产的前期准备,抓捕、饲养猴子,到病毒培养、细胞培养、疫苗的半成品和成品检定,都靠他们完成。此外,他们还制定了脊灰疫苗生产涉及的全方位技术和规程。当时正值国家遭受自然灾害的困难时期,在温饱都不能保证的条件下,顾方舟带领大家饿着肚子建立起了生产能力每年能达到几千万人份甚至上亿人份的昆明基地。

最初的活疫苗都是液体,使用起来很不方便。根据小孩喜欢吃糖的习惯,顾方舟改进活疫苗剂型,制成糖丸,让孩子们在吃糖的时候就接种了疫苗,提高了疫苗的接受程度,改进了疫苗接种程序;更重要的是糖丸保存期更长,使疫苗更容易在我国偏远地区推广接种。这颗糖丸,守护着千千万万的儿童,他被孩子们称为"糖丸爷爷"。因多年无新发病例,2000年世界卫生组织证实中国成为无脊灰国家。2019年,国家主席习近平签署主席令,授予顾方舟"人民科学家"国家荣誉称号。

【素材出处】

李娟,卢莉,吴疆,等:《顾方舟:为抗击脊髓灰质炎而无私奉献的一生》,《国际病毒学杂志》,2019(4):217-218;范瑞婷:《脊髓灰质炎疫苗的研究——顾方舟访谈》,《中华医史杂志》,2018(5):304-312。(根据以上文献整理)

【案例点评】

顾方舟的事迹包含以下思政元素。

(1)爱国主义。顾方舟将国家和人民的需要作为自己努力的方向,一生都在为抗击脊髓灰质炎而奋斗,这体现了他对祖国的忠诚和热爱、对国家命运和人民幸福的使命担当。

(2)奉献精神。疫苗研制成功后,他带头服用活疫苗,并将自己的儿子招募为第一批志愿者,这种为科学献身的精神令人动容。

(3)创新精神。他根据小孩喜欢吃糖的习惯,改进活疫苗剂型,制成糖丸,用新方法提高了疫苗的接受程度,改进了疫苗接种程序,大大扩大了疫苗的接种范围。

(4)独立自主。当时欧美等国对我们实施技术封锁,后来苏联也停止了对我国的技术援助,顾方舟的团队自力更生研发出脊髓灰质炎活疫苗,并在艰苦的条件下建成昆明基地,为我国消灭脊灰作出了重要贡献,体现了独立自主的探索和实践精神。

(5)实事求是。当时学术界对死疫苗和活疫苗有种种对立的观点,顾方舟从中国国情出发,确定以活疫苗为接种方案,这一过程体现了实事求是,一切从实际出发的思想路线。

【教学建议】

本案例可用于《思想道德与法治》第一章第三节"成就出彩人生"部分、第三章第一节"弘扬以爱国主义为核心的民族精神"部分、第五章第三节"锤炼个人品德"部分的辅助教学及相关考核;也可用作《毛泽东思想和中国特色社会主义理论体系概论》第一章第二节"毛泽东思想的主要内容和活的灵魂"之"实事求是"和"独立自主"部分的案例素材;还可用于《马克思主义基本原理》第二章第三节"一切从实际出发,实事求是"部分的辅助教学。

(高志婕　尉迟光斌)

16　屠呦呦：一生只为青蒿素

【案例呈现】

疟疾，是一种常见的热带流行病，俗称"打摆子"，是由人类感染疟原虫引起的寄生虫病，主要由雌性按蚊叮咬传播。通常疟原虫先侵入人体肝细胞发育繁殖，再侵入红细胞发育繁殖，引起红细胞成批破裂而发病，临床上以反复发作的间歇性寒战、高热、盛汗热退为特点。反复的疟疾发作可造成大量红细胞的破坏，使患者出现不同程度的脾大和贫血等症状。

根据世界卫生组织《2018年世界疟疾报告》，2017年全球疟疾发病人数2.19亿，死亡人数43.5万，非洲区域疟疾发病人数占全世界疟疾病例总数的92%。而在抗疟方面，青蒿素是中医药给全世界人民的礼物，更是中国科研工作者大爱无疆的赤诚奉献，屠呦呦就是这群人的典型代表。

1930年12月30日，屠呦呦出生于浙江宁波。作为一名药学专业学生，屠呦呦考入北京大学医学院时就与植物等天然药物的研发应用结下不解之缘。1967年5月23日，为了援外、战备紧急任务，国家科学技术委员会和解放军总后勤部召开了疟疾防治药物研究工作协作会议，疟疾防治药物的研究项目代号为"523"。1969年，年仅39岁却已在中医药研究领域打下坚实基础的屠呦呦临危受命，成为课题组组长。从接到任务起，屠呦呦就带领组员夜以继日地工作，3个月翻阅了上百份中国古代医学典籍，从2000多个抗疟药方中精选了640个，并逐一进行实验排查。

在经历了190次失败、筛选了300多种中草药后，葛洪《肘后备急方》中的几句话引起了屠呦呦的注意："青蒿一握，以水二升渍，绞取汁，尽服之。"一语惊醒梦中人，她马上意识到问题可能出在常用的"水煎"法上，因为高温会破坏青蒿中的有效成分，她随即另辟蹊径采用低沸点的乙醚进行实验。1971年，课题组终于在第191次实验中发现了青蒿提取物，检测结果显示该提取物样品对疟原虫的抑制率达到100%！

为了保证患者的用药安全，1972年屠呦呦与其他两位课题组的同志不顾安危以身试药，证明了药物的安全性；同年，他们成功分离得到抗疟单体化合物的结晶，命名为"青蒿素"；1975年确定了青蒿素的分子式和分子结构；1978年确定了青蒿素的绝对构型；1984年科学家们终于实现了青蒿素的人工合成。如今，以青蒿素为基础的联合疗法，已经成为世界卫生组织推荐的抗疟疾标准疗法。作为青蒿素的重要发现者之一,屠呦呦的这一成果挽救了数百万人的生命。

2015年10月5日,瑞典卡罗琳医学院在斯德哥尔摩宣布,中国女科学家屠呦呦与另外两位科学家共同分享2015年诺贝尔生理学或医学奖。她成为第一个获得诺尔自然科学奖的中国人。多年从事中药和中西药结合研究的屠呦呦,创造性地研制出抗疟新药——青蒿素和双氢青蒿素,对疟原虫的抑制率达100%,这一发现被誉为"拯救2亿人口的发现"。

2016年2月14日,屠呦呦被评为2015年度"感动中国人物";2016年3月,屠呦呦获"影响世界华人终身成就奖";2016年4月21日,屠呦呦入选《时代周刊》公布的2016年度"全球最具影响力人物";2017年1月9日,国务院授予屠呦呦"国家最高科学技术奖";2019年1月14日,屠呦呦与居里夫人、爱因斯坦、图灵一道入围了BBC"20世纪最伟大科学家";2019年,在庆祝新中国成立70周年之际,她又被授予"共和国勋章"。

面对荣誉,屠呦呦不止一次地表示"荣誉属于集体"。她说:"如果没有祖国社会主义制度的优越性和集中力量办大事的举国体制,又怎么能组织这么多专家,在这么短的时间内发现青蒿素并取得药物研发的成功呢?"她也一直很怀念自己的团队,说那是一个传承了"两弹一星"精神的团队,对国家使命有高度责任感与担当,正是有了这种爱国精神,才有了奋斗与奉献、团结与协作,才有了创新与发展,才能使青蒿素联合疗法拯救众多疟疾患者的生命。

如今,年过九旬的屠呦呦依然在为青蒿素的研究继续工作。为了解决青蒿素抗药性难题,她带领团队在"青蒿素抗疟机理研究""青蒿素抗药性成因"等层面不断取得新的进展,同时也在为中医药事业培养更多的人才而奋斗。

【素材出处】

屠呦呦:《不慕浮华,醉心青蒿:不变的屠呦呦》,《健康中国观察》,2019(10):38-40;罗元生:《屠呦呦:一生只为青蒿素》,《时代报告》,2019(11):68-71。(根据以上文献整理)

【案例点评】

屠呦呦团队的事迹包含以下思政元素。

(1)社会主义核心价值观之"爱国"。屠呦呦一生致力于疟疾防治药物的研究,她始终将国家和人民的需要作为自己奋斗的目标,体现了对国家和人民的热爱,以及为人民幸福而奋斗的使命担当。

(2)社会主义核心价值观之"敬业"。接到任务以后,屠呦呦带领团队成员夜以继日地工作,3个月翻阅了上百份中国古代医学典籍,从2000多个抗疟药方中精选了 640 个,逐一进行实验排查;为了验证青蒿提取物的安全性,团队成员冒着危险以身试药,充分体现了他们为科学献身的敬业精神。

(3)制度优势。青蒿素研究成功,是当年研究团队集体攻关的结果。国家组织大批专家,在短短几年内就成功找到了抑制疟原虫的有效途径,体现了集中力量办大事的社会主义制度优势。

(4)文化自信。屠呦呦坚信古老的中医药是一个宝库,她的梦想就是要开发这个宝库来促进人类的健康,后来她从《肘后备急方》中得到启示,成功提取了青蒿素,证明了中国古人的智慧和中医药的实力,增添了中国人民内心深处的自信和自豪。

(5)创新思维能力。屠呦呦的成功固然借助了现代医学的视野、方法与设备,但如果没有受到中国古代药学典籍《肘后备急方》"绞取汁"方法的启发,青蒿素的提取是不可能有这么大的突破的。这一研究思路体现出现代与古代结合、东方与西方结合的创新思维能力。

(6)人类命运共同体。青蒿素是中医药送给世界的礼物,挽救了成千上万人的生命,这是中国为构建人类命运共同体作出的贡献,也有力提升了中国在国际社会的影响力。

【教学建议】

本案例可用于《思想道德与法治》第一章第三节"成就出彩人生"部分、第三章第一节"弘扬以爱国主义为核心的民族精神"部分、第四章第一节"社会主义核心价值观"部分、第五章第三节"锤炼个人品德"部分的辅助教学及相关考核;也可用于《马克思主义基本原理》第一章第三节"创新思维能力"部分的辅助教学;还可用于《习近平新时代中国特色社会主义思想概论》第十六章"中国特色大国外交和推动构建人类命运共同体"部分的辅助教学。

(高志婕 昝启均)

17　无双国士钟南山

【案例呈现】

钟南山,1936年10月出生于江苏南京,福建厦门人。他出生在一个医学世家,父亲钟世藩是我国著名的儿科专家,母亲廖月琴则是广东省肿瘤医院的创始人之一。他的父亲和母亲都是医学专家,他却喜欢体育运动。1958年,他在北京医学院(今北京大学医学部)上学期间打破了全国400米栏的纪录,时至今日,该校还有几项由钟南山创下的纪录无人能破。

1960年,钟南山毕业并留校任教。1971年,他来到广州,成为一名医生,专攻呼吸内科疾病。从此,他的一生都奉献给了慢阻肺、呼吸衰竭等疾病的治疗、研究和教学,他成为推进中国呼吸病学迈向国际前沿的学科带头人之一,并于1996年当选为中国工程院院士。

2002年12月,钟南山在广州接诊了一名肺炎患者,该患者持续高烧、干咳,肺部经X光透视呈现"白肺",用传统的抗生素没有任何作用。这种病就是我们后来所知的"非典"——一种由未知冠状病毒引发的叫作"非典型肺炎"的新型高危传染病,国际上的英文缩写为SARS。随着越来越多的病例出现,疫情也越来越严重。2003年1月22日,广东省卫生厅发出通告,吹响了广东省防治"非典"的号角。当时,钟南山由于持续神经紧绷,连续38小时高强度工作,在检查完病房后,头晕目眩,身体发烫。在夫人的悉心照料下,两天后他退烧了,肺部炎症也消失了,他确定自己得的不是非典。痊愈后的钟南山向广东省卫生厅说:"把重症病人都送到我这里来!"那一年,他67岁。

在治疗"非典"的前期,所有专家都认为这是衣原体的问题,但钟南山发现针对衣原体用药根本不起作用,于是,他大胆推测,这是病毒感染的结果,这一论断为广东省卫生行政部门及时制定救治方案提供了决策论据,使广东成为全球"非典"患者治愈率最高、死亡率最低的地区之一。他最早制定出《非典型肺炎临床诊断标准》,并且带着课题组在全世界率先探索出一套富有明显疗效的防治经验,这套经验被WHO认为对全世界抗击非典型肺炎有指导意义。为了防治"非典"一样的高传染性呼吸科疾病,钟南山牵头建立了呼吸疾病国家重点实验室,并在以后的几年里成功战胜了H5N1、H5N6等多种呼吸科传染病,守护了中国人民的健康。

新冠肺炎疫情暴发,钟南山再次挂帅出征,这一年,他84岁。2020年1月18

日,钟南山接到通知赶赴武汉。到了武汉之后,他立刻投入到紧锣密鼓的工作中,对大量案例和资料进行研究和整理。1月20日,他向全国媒体宣布,新型冠状病毒确定存在"人传人"现象,没有特殊情况不要去武汉,这一番话拉响了全国抗击疫情的警报,同时也为控制疫情在全国的蔓延赢得了先机。

1月23日,武汉暂时关闭离汉通道。为缓解湖北新冠肺炎患者激增导致的收治难、救治难的问题,从1月24日开始,各省陆续组织医务人员援鄂,先后有340余支医疗队、42 000余名医务人员驰援湖北。2月18日,全国新增治愈出院病例数超过新增确诊病例数,确诊病例数开始下降。2月19日,武汉市新增治愈出院病例数首次大于新增确诊病例数。在医务人员、科研人员以及全国人民的共同努力下,3月18日,全国新增本土确诊病例实现零报告,中国基本控制了新冠肺炎疫情。

自挂帅出征以来,钟南山始终冲在前线,始终如铁人般拼命:4天内奔走武汉、北京、广州三地,长时间开会、远程会诊、接受媒体采访,甚至在飞机上研究治疗方案……无论是撰写诊疗方案、疫情防控,还是重症救治、科研攻关,他都作出了杰出贡献。

因为在我国医疗卫生事业中的卓越表现,钟南山被评为广州市"抗非英雄"、2003年度"感动中国人物"、"最美科技工作者",获得白求恩奖章、全国五一劳动奖章等多项荣誉,并于2020年8月被授予"共和国勋章"。

钟南山是专家、权威,但他依然坚持每周三上午的"院士大查房"、每周四下午的半天门诊。对待患者,他很细心:冬天天冷,他用手先把听诊器捂热,再给患者听诊;做检查时,他会扶着患者慢慢躺下,等检查结束再扶起来。有人曾这样评价钟南山:既有国士的担当,又有战士的勇猛。他回应得最多的一句话是"我不过是一个看病的大夫"。

【素材出处】

百度百科:https://baike.baidu.com/item/钟南山/653914? fr＝aladdin;环球网:《钟南山:无双国士　医教双馨》,2020-09-09,https://baijiahao.baidu.com/s? id＝1677343782521299972。(根据以上资料整理)

【案例点评】

钟南山的事迹包含以下思政元素。

(1)爱国主义。钟南山的一生都奉献给了慢阻肺、呼吸衰竭等疾病的治疗、研究和教学,特别是"非典"、新冠肺炎疫情期间,他为守护人民的健康作出卓越贡献,这种为祖国医疗卫生事业奋斗终生的责任担当源于他对祖国人民的忠诚和热爱。

（2）奉献精神。"非典"期间，67岁的他说："把重症病人都送到我这里来！"新冠肺炎疫情期间，84岁的他告诉公众尽量不要去武汉，自己却义无反顾地挂帅出征到武汉，并且始终奋斗在抗疫一线，体现了高度的奉献精神。

（3）敬业精神。"非典"和新冠肺炎疫情期间他都表现得"敢医敢言"，为疫情的控制赢得重要时机；他最早制定出《非典型肺炎临床诊断标准》，并且带着课题组在全世界率先探索出了一套富有明显疗效的防治经验；他始终把自己看作一个看病的大夫，并且对患者予以极大的尊重与关怀，坚持"院士大查房"和门诊，把患者的需求放在第一位，体现了他崇高的敬业精神。

（4）人类命运共同体。"传染病没有国界，只要有一个国家不作干预，全球新冠肺炎疫情就不会消失。""通过交流，可以让其他国家少走弯路。"为此，钟南山不仅为国内疫情防控建言献策，还通过远程连线分享中国方案，为全球抗击疫情积极贡献力量。

（5）推动社会主义现代化建设。在"非典"期间、新冠肺炎疫情期间，钟南山迅速拿出应对方案，在他的方法指引下，群防共治，我们最终解除了疫情危机，社会主义现代化建设的步伐稳步行进。

【教学建议】

本案例可用于《思想道德与法治》第一章第三节"成就出彩人生"部分、第三章第一节"弘扬以爱国主义为核心的民族精神"部分、第五章第三节"锤炼个人品德"部分的辅助教学及相关考核；也可用于《中国近现代史纲要》第九章第三节"在新形势下坚持和发展中国特色社会主义"部分、第十章第二节"构建人类命运共同体"部分的辅助教学。

（隆娟　高志婕）

18　破译肿瘤密码的探索者——卞修武

【案例呈现】

卞修武,男,1963年11月出生于安徽省寿县,人体病理学家,中国人民解放军陆军军医大学第一附属医院教授、博士生导师、主任医师,全军临床病理学研究所所长,主要从事人体病理诊断和研究工作。

1981年,卞修武进入第三军医大学(现陆军军医大学)学习,1986年获得学士学位。20世纪80年代,第三军医大学烧伤研究早已誉满全国,他的导师正是烧伤病理学研究方面的专家,但他却选择了一个新的方向——脑肿瘤病理。我国彼时在这个领域的研究很少,卞修武选择这个方向就意味着他能够得到的指导很少,得自己想办法攻坚克难。

从1991年到1995年,除了导师的指导,他基本上一直处于"单打独斗"的状态,夜以继日地"研读"显微镜下的肿瘤病理切片。通过多年的努力,他和他的科研团队对5万多例肿瘤标本病理切片进行逐一分析,对多类型肿瘤微血管形态、结构以及免疫表型特征进行了病理学研究。最终,他们在世界上第一个提出"肿瘤微血管构筑表型异质性"概念,这个研究吸引了世界医学界的目光,把肿瘤血管生成和抑制血管生成研究带进了一个全新的阶段。在研究肿瘤血管的过程中,他还开始探索肿瘤干细胞对肿瘤血管的直接和间接作用。基于大量的实验数据,他们首次揭示了肿瘤血管生成的始动细胞机制。他们还在世界上率先证明,肿瘤干细胞是抗血管生成的重要细胞靶标,被国际权威杂志《神经外科》的主编称为"完美的研究"。2012年,卞修武带领团队研究的"肿瘤血管生成机制及其在抗血管生成治疗中的应用"项目获得了国家科学技术进步一等奖。2017年,他当选为中国科学院院士。

2020年初,新冠肺炎疫情肆虐,确诊病例和死亡病例都在不断增加,但临床上对这一新发传染病的认识却远远不够:病毒在人体内的分布情况、器官组织的病理变化、如何致病等问题一直没有答案。卞修武作为全国政协委员,1月份就通过全国政协委员移动履职平台等途径提出开展新冠肺炎尸检工作的建议,并被采纳。2月初,他主动请缨,获准后立即和擅长穿刺的影像学专家到达武汉,成为军事医学专家组成员。当时,全国没有一个可以研究烈性传染病的尸体解剖室。为了解决这一问题,卞修武先在中部战区总医院的一块空地上顶着风雪建成了一座负压帐篷式尸检板房,后来,在相关单位的协助下,他又带着团队在火神山医院三天建成全国首个符合负压过滤的生物安全尸检方舱,防护等级达到了最高。这个方舱后来成了卞修武团队在武汉"最好的工作室"。

2月18日深夜,卞修武等人在金银潭医院的负压手术室实施了第一例新冠肺炎患者遗体解剖。为逝者举行简单的默哀仪式后,解剖在双层尸袋中开始了,空间狭小,操作难度大,整个解剖过程持续了三个多小时。解剖时遗体的各个部位是全面打开的,解剖人员直接触摸活病毒,面临着极高的感染风险。解剖完成后,还要将遗体进行精细处理,恢复完整,再与殡仪馆对接。这项工作难度大、风险高,但自始至终团队没有一个人退缩。他带着团队完成了40例患者遗体解剖病理诊断和深入研究工作,建立了当时已知范围内世界首个新冠肺炎病例样本库。

基于90多例遗体的脏器病理病变和体内病毒分布观测结果,卞修武牵头撰写、制定了新冠肺炎病理学改变的专家共识,填补了新冠肺炎诊疗规范中病理学内容的空白,还向国际同行进行了推荐,在尸检结果和重要发现方面集中发出了中国声音。临床治疗模式也因此发生改变:由前期以肺脏治疗为主转向多器官支持治疗模式,进一步加强呼吸功能管理和治疗的精细化措施,重视免疫功能检测和保护等,有效提高了救治率。

遗体病理解剖为抗击疫情作出了重要贡献,但卞修武明白,这个过程中,我国病理学科的建设与发展也暴露了很多问题,未来的路还很长。今后,他有一件更为长远的事情要做——推动我国病理学科的建设与发展。

【素材出处】

肖瑶:《"斩癌使者"卞修武》,《中国卫生人才》,2015(2):56-59;唐余方:《破解肿瘤密码的探索者——记中国科学院院士卞修武》,《当代党员》,2018(5):47-50;唐余方:《新冠肺炎的"解密者"——中国科学院院士卞修武和团队的战疫故事》,《当代党员》,2020(14):59-62。(根据以上文献整理)

【案例点评】

卞修武的事迹包含以下思政元素。

(1)爱国主义。卞修武根据国家和人民的需要来选择研究方向,并克服重重困难做出令人瞩目的成就;在国家需要时,他又不顾危险冲锋在前。这些都体现了他的爱国热情和为祖国医疗事业而奋斗的责任担当。

(2)敬业精神。为了做好肿瘤病理学研究,他废寝忘食、夜以继日地"研读"肿瘤病理切片,最终有了重大发现;为了做好新冠肺炎的病理学研究,他和团队冒着巨大的危险完成了40例遗体解剖,用行动诠释了敬业精神。

(3)奉献精神。新冠肺炎逝者捐献遗体用于医学研究,帮助世人认识了新冠肺炎的发生、发展机理,为抗疫作了最后的贡献,并推动了医学事业的进步和发展,体现了大爱无私的奉献精神。

(4)伟大抗疫精神之"舍生忘死"。抗击新冠肺炎疫情时,卞修武不顾个人安危,主动请缨开展难度大、风险高的新冠肺炎尸检工作,顶着风雪搭建尸检板房和方舱,这都是对"舍生忘死"精神的生动诠释。

(5)伟大抗疫精神之"尊重科学"。卞修武团队通过多例遗体解剖回答了新型冠状病毒在人体内的分布情况、器官组织的病理变化以及如何致病等问题,体现了严谨求实的科学精神,临床治疗模式因此发生改变,救治率也随之提高,说明科学抗疫的重要性。

(6)全过程人民民主。卞修武作为全国政协委员,通过全国政协委员移动履职平台等途径提出开展新冠肺炎尸检工作的建议并被采纳,这一过程是我国全过程人民民主的生动体现。

【教学建议】

本案例可用于《思想道德与法治》第一章第三节"成就出彩人生"部分、第三章第一节"弘扬以爱国主义为核心的民族精神"部分、第五章第三节"锤炼个人品德"部分的辅助教学及相关考核;也可用作《中国近现代史纲要》第七章第三节"中国共产党领导的多党合作和政治协商格局的形成"部分、第十章第二节"社会主义民主政治不断发展"部分的案例素材;还可用于《习近平新时代中国特色社会主义思想概论》第八章"发展全过程人民民主"部分的辅助教学。

(高志婕 昝启均)

19 人民英雄张定宇

【案例呈现】

张定宇,男,汉族,1963年12月出生于湖北省武汉市,中共党员,毕业于同济医科大学,医学博士,曾任湖北省卫生健康委员会党组成员、副主任、公共卫生总师。

张定宇的母亲长期受病痛折磨,他从小就希望自己能学医,治愈母亲、照顾家人。然而,在他学成之前,哥哥患尿毒症去世,在他即将大学毕业时,父亲又因为食道癌肝转移永远离开了他。正是这些沉痛的经历,让张定宇从医的志向更加坚定,也让他对生命保持深刻的敬畏和尊重。他说,自己能做的就是尽可能多救人,让更多的家庭免受自己当时承受的痛苦。因此,从医30余年,他始终将患者的利益放在最前面。1997年11月,他曾随中国医疗队出征,援助阿尔及利亚;2008年5月14日,汶川地震的第三天,他就带领湖北省第三医疗队出现在重灾区什邡市;2011年除夕,他作为湖北第一位"无国界医生",在巴基斯坦西北的蒂默加拉完成了三台紧急剖腹产手术……

2019年12月29日,湖北省唯一一家传染病定点医院——武汉市金银潭医院里转入一批不明原因肺炎患者,引起了院长张定宇的警惕。为了尽快查明病因,他果断采用肺泡灌洗的方法,及时采集到了患者肺部深处的样本,为后来成功分离出病毒颗粒、发现和确认新冠病毒争取了宝贵时间。随后几天,不明原因的肺炎患者越来越多,张定宇察觉到情况的严重性,迅速向全院发出预警,同时申请了ICU配置的所有设备。从武汉疫情防控阻击战打响的那一刻起,他就日夜奋战在第一线。他说:"我一定要为我们的病人,为我们的城市,为我们的国家筑起一道生命的长城!"在医院楼道里、病房里,大家常常听到张定宇的大嗓门。伴随着嗓门越来越大,他的脚步却越来越迟缓,跛行也越来越严重。面对追问,他终于承认,自己2018年被确诊为渐冻症。这种罕见病目前无药可治,患者通常会因为肌肉萎缩而逐渐失去行动能力,就像被慢慢冻住一样,最后呼吸衰竭而失去生命。为了不让同事和患者担心,他一直默默忍着病痛。"能用我的时间,换回别人更多的时间,没有遗憾了",张定宇淡然地说,"既然拦不住时间流逝,那就让它更有意义。"

2020年1月23日,武汉落实党中央决策部署,暂时关闭离汉通道。金银潭医院每日灯火通明,医护工作者彻夜忙碌,无人退缩。身为院长的张定宇以"渐冻"

之躯冲锋在前,拖着高低不平的脚步日夜奋战在抗击疫情的最前线。在各方支援到来之前,他与同事们在一线已经撑了近一个月。他们共救治了2800多名患者,其中不少为重症、危重症患者。而他自己,随着病情的加重,原来还能正常走路的左腿也跛了,天气冷时完全挪不开步子。他的妻子程琳同样奋战在抗击疫情的第一线,因为在救助过程中感染病毒,在另一家医院接受隔离治疗。在此期间,张定宇只去探望过她一次。

2020年2月13日,在湖北省新型冠状病毒感染肺炎疫情防控指挥部召开的新闻发布会上,张定宇表示:康复患者体内有大量的综合抗体对抗病毒,恳请康复患者积极捐献血浆。在他的努力和奔走呼吁下,不少新冠肺炎康复患者捐献了血浆,其中包括他的妻子。

正是无数像张定宇夫妇这样的医务人员舍小家、为大家,才为患者筑起生命的屏障。2020年8月11日,国家主席习近平签署主席令,授予在抗击新冠肺炎疫情斗争中作出杰出贡献的人士国家勋章和国家荣誉称号,张定宇被授予"人民英雄"国家荣誉称号;8月19日,张定宇获得第十二届"中国医师奖";9月17日,中央文明办发布2—7月"中国好人榜",张定宇被评为"敬业奉献好人"。2021年2月17日,张定宇被评为2020年度"感动中国人物"。

【素材出处】

百度百科:https://baike.baidu.com/item/张定宇/24286859? fr=aladdin;全景科学家:《追赶时间的人|"人民英雄"张定宇:病人在等我,我不能说不行》,2021-04-12,https://baijiahao.baidu.com/s? id=1696798192760625918。(根据以上资料整理)

【案例点评】

张定宇的事迹包含的思政元素如下。

(1)爱国主义。张定宇为了更多家庭不再经受自己曾经承受的痛苦,努力做一个好医生,尽可能救死扶伤;自己身患渐冻症,在疫情来临的时候毅然冲在第一线,为病人、城市和国家筑起生命的长城。这种对国家和人民的热爱、为国家和人民而奋斗的责任担当令人动容。

(2)敬业精神。他始终把患者的利益和需求放在第一位,不顾自己身患重疾,与同事日夜奋战在抗疫一线,共救治2800多名患者,体现了高度的敬业精神。

(3)奉献精神。他一心扑在抗疫工作上,妻子感染病毒,他只探望过一次,和无数的医务人员一样,张定宇和妻子舍小家、为大家,用奉献、奋斗为患者筑起生命的屏障,生动地诠释了医务工作者的奉献精神。

【教学建议】

本案例可用于《思想道德与法治》第三章第一节"实现中国梦必须弘扬中国精神"部分、第五章第三节"恪守职业道德"部分的辅助教学及相关考核。

（隆娟　黄俊）

第三章 临床诊疗案例

人体作为一个开放的复杂系统，系统内部各要素之间、系统与外界各种因素之间存在着广泛的相互作用和关联，疾病已经成为生理、心理、社会、经济等多重因素共同作用的结果，其本身也是一个不断变化、发展的过程。临床思维就是在观察病情、分析病情、判断病情和处理疾病的思考过程中所用的思维逻辑和方法，它是所有医生都必备的基本能力，而临床思维的培养需要哲学思维来指导。医学认知的发展离不开哲学思维的引导作用，唯物辩证思维对临床思维的培养具有重要的指导价值。树立辩证唯物主义的世界观，掌握辩证唯物主义的认识论和方法论，用正确的思维方式去思考问题，对医学生未来职业能力的提升具有重要意义。本章包含6个临床诊疗案例，将临床诊疗案例用于医学生思想政治理论课教学，可以加强思政课程的针对性，更好地激发学生的兴趣，更有助于引导学生思考如何诊疗，切实提高学生整合医学理论知识和解决实际问题的水平。

1 内科案例：亚急性甲状腺炎

【案例呈现】

一、患者现病史与既往史

患者，女性，48岁，于1周前无明显诱因出现反复发热，最高达39.4 ℃，伴有鼻塞、流涕不适、咽痛不适，无咳嗽、咳痰，感乏力，食欲差，伴有体重下降，发热时伴有头痛，热退后头痛缓解，无心慌、胸闷，无恶心、呕吐，无尿频、尿急，无腹胀、腹泻等不适，于某三甲医院急诊科就诊，查血常规提示白细胞及中性粒细胞升高，给予对症治疗3天，仍反复出现发热，为进一步治疗，门诊以"发热查因"收住院。起病以来，患者精神尚可，食欲下降，睡眠一般，大小便正常，体力、体重下降。

该患者无冠心病、糖尿病、高血压、乙肝、结核等病史，无食物过敏史，有头孢类药物过敏史。

二、诊治经过

体格检查：体温、脉搏、呼吸、血压正常，神志清楚，全身皮肤黏膜无黄染，浅表淋巴结无肿大，咽红充血，扁桃体无肿大，双肺呼吸音正常，心律齐，腹部、四肢正常。

入院后相关检查：降钙素原、肌红蛋白、肌钙蛋白、B型钠尿肽、腺苷脱氨酶均正常；结核标志物阴性；内毒素、葡聚糖、曲霉抗原血清指数 I 均为阴性；呼吸道九项病原体阴性；红细胞沉降率、血常规以及超敏C反应蛋白检查结果提示炎症指标高；肿瘤标志物七项中有两项异常（CA125、CA199升高）、五项正常；凝血全套结果显示血液高凝状态（即血栓形成倾向）；血生化结果显示肝功能正常，血钾、血钠偏低，随机血糖升高，白蛋白偏低。

心电图：正常。胸部CT：双肺少许纤维灶，左肺上叶肺大泡；脂肪肝。腹部彩超：肝、胆、胰、脾未见明显异常，门静脉血流通畅，双肾、输尿管、膀胱未见明显异常，子宫肌层内低回声团（考虑子宫肌瘤可能）。腹部CT：胃未充盈，胃窦及乙状结肠局部壁可疑增厚，建议胃镜及肠镜进一步检查；子宫改变，多考虑肌瘤，宫颈局部低密度灶，建议磁共振进一步检查，盆腔少量积液。胃镜：糜烂性胃炎。肠镜：所见结直肠黏膜未见明显异常。

入院后考虑诊断：①感染性发热：急性上呼吸道感染？肺部感染？支原体感

染? 肺结核? 患者为中年女性,反复发热持续 1 周,多次查血常规提示白细胞及中性粒细胞升高,有鼻塞、流涕等症状,无其他系统感染症状,考虑呼吸道感染可能性大,但患者查肺部 CT 无感染,呼吸道九项病原体阴性,结核标志物阴性,且患者经抗感染治疗后症状缓解不明显,不支持诊断。②肿瘤:部分肿瘤患者可发热,且患者查肿瘤标志物七项中有两项异常,但肿瘤发热多为中低热,且患者查腹部 CT、胃镜、肠镜等结果均不支持肿瘤诊断。

患者入院后予以抗感染治疗 3 天后仍反复发热,最高达 39.1 ℃,予以对症退热治疗,同时患者诉有颈部疼痛不适,查体发现甲状腺有压痛,进一步完善甲功检查,提示甲功九项有七项结果异常,颈部淋巴结彩超提示双侧颈部淋巴结增大。甲状腺 131 摄碘率检查提示甲状腺摄碘功能低下。最后诊断:亚急性甲状腺炎。患者为中年女性,有发热合并有颈部疼痛,抗感染治疗效果差,血沉明显加快,甲功检查提示甲状腺毒症,甲状腺 131 摄碘率检查提示甲状腺摄碘功能低下,甲功与摄碘率相分离,则亚急性甲状腺炎诊断明确。

采用相关药物和方法对症治疗后,患者一直无发热,病情好转,出院前复查红细胞沉降率、血常规和超敏 C 反应蛋白,结果显示较之前有好转。出院后患者一直按医嘱服药,并定期复查,无发热,无颈部疼痛。出院 2 个月后复查,血常规、血沉正常,甲状腺激素正常。

三、讨论

本病例出现误诊的原因是亚急性甲状腺炎发病早期常有感冒等上呼吸道感染史,继而出现发热、颈前疼痛、咽痛等症状,易误诊为上呼吸道感染或咽炎,患者往往首先于呼吸内科、耳鼻喉科等就诊后予以抗感染治疗延误病情。此病例患者在门诊及住院后给予抗感染治疗,治疗效果不明显,完善一系列检查后在排除呼吸道、消化道、泌尿系统等感染及结核后,后因患者颈部疼痛,完善甲功检查出现异常后才考虑到亚急性甲状腺炎诊断,给予积极治疗,症状缓解。因此,临床上对发热伴有颈咽部疼痛患者可考虑亚急性甲状腺炎可能性,进行甲状腺相关检查。

亚急性甲状腺炎,女性多见,一般认为与病毒感染有关,常在呼吸道感染之后发生。其临床表现不一,在轻症或不典型病例中,甲状腺仅略增大,疼痛或轻微疼痛,不发热,全身症状轻微,典型病例首先出现肌痛、咽炎、低热和乏力等前驱症状,随后出现弥漫性甲状腺肿大、甲状腺触痛、颈部疼痛等,整个腺体都可累及。治疗可以采用 NSAID 类药物(非甾体类抗炎药,具有解热、镇痛、抗炎的作用)缓解疼痛,彻底减轻疼痛的平均时间大概是 5 周,若疼痛症状 1 周内无缓解,可以采用激素治疗,国内一般采用强的松 30 mg/d,国外多采用 40~60 mg/d,4~6 周内逐渐减量至完全停用。大约 2% 的患者会复发。

【案例点评】

本病例的诊疗过程包含以下思政元素。

(1)坚持"两点论"和"重点论"的统一。临床诊断认知具有紧迫性,医生经常会遇到时间紧迫与详尽检查、深入思考的矛盾。"两点论"和"重点论"要求我们看问题既要全面地看,又要看主流、大势、发展趋势。因此,为及时救治患者,不能一味追求明确的诊断而等待旷日持久的检查,只能根据患者当时仅有的临床表现做出几种可能性较大的诊断假设,边治疗、边检查,在救治过程中逐步明确诊断。

(2)认识的发展过程。案例中从拟诊到确诊再到治愈的过程反映了认识的发展过程。

第一个阶段:拟诊,即感性认识阶段。临床医生在初步检查的基础上提出一个或几个"初步诊断",即拟诊。此时,临床诊断认知具有模糊性,很多情况下医生在近乎"黑箱"的状态下诊察病人,很难对其体况、病况做出清晰明确的认识,只能进行一定程度的近似诊察,此时临床诊断处于较为模糊的、需要不断明晰的状态。本病例患者由于有发热、鼻塞、流涕等上呼吸道感染症状,医生最初据此做出了"呼吸道感染性发热"的诊断假设,并给予抗感染治疗;根据发热以及肿瘤标志物检查结果建立另一个诊断假设——肿瘤。

第二个阶段:拟诊向确诊的转化,即感性认识向理性认识的飞跃。认识不能停留在感性阶段,必须进一步上升到理性认识。这要求人们对感性材料更充分地占有,并善于去粗取精、去伪存真、由此及彼、由表及里地进行分析、综合、推理、判断等思维加工。对于医生来说,就是要更加充分地占有与患者相关的医疗信息,在此基础上,充分发挥理性思维能力,对大量的感性材料进行加工,得出合理判断。确诊摆脱了拟诊的初步假定性,认识向着更为成熟的阶段发展。本案例中,随着检查结果的逐步完善,医生根据患者肺部CT、呼吸道九项病原体、结核标志物检查结果以及抗感染治疗效果不明显等因素否定了"呼吸道感染性发热"的诊断假设,根据患者高热以及腹部CT等检查结果,否定了"肿瘤"的诊断假设。最后通过甲功九项、甲状腺彩超等发现患者激素水平升高而摄碘率明显降低,结合患者主诉颈部疼痛不适、甲状腺触痛,确诊为亚急性甲状腺炎。

第三个阶段:实施治疗,即认识到实践的飞跃。从实践到认识,认识的过程还没有完成。要实现一个完整的认识过程,还必须由认识再回到实践中去,实现认识的第二次能动飞跃。医生根据确诊结果实施治疗,通过临床治疗实践进一步检验、进一步修正已有判断,从而真正达到主观与客观的一致。

(3)真理的绝对性和相对性。疾病的确诊既有绝对性,又有相对性。首先,它意味着临床认识的深化和诊断意见的明确化。与拟诊相比,确诊科学性更强,假定性减少,逻辑结构更完备,在临床上表现为由拟诊阶段的探索性治疗进入确定性治疗。它标志着主观与客观相符合,因此具有绝对性。但确诊并非终结的认识,因为它并未穷尽对患者健康状况和所患疾病的认识,所以又具有相对性。在这个意义上,我们可以说,确诊是绝对真理和相对真理的统一。

【教学建议】

本案例可用于《马克思主义基本原理》第一章第二节"矛盾的普遍性和特殊性及其相互关系"之"坚持'两点论'和'重点论'的统一"部分、第二章第一节"认识的本质与过程"部分、第二章第二节"真理与价值"之"真理的客观性、绝对性和相对性"部分的辅助教学。

(郭昆全　高志婕)

2 外科案例：急性阑尾炎

【案例呈现】

一、患者现病史与既往史

患者，男性，47岁，因"转移性右下腹痛12小时伴呕吐发热"到医院就诊。患者12小时之前出现上腹部和脐周不适，不固定，6小时后右下腹出现疼痛，其间伴有恶心呕吐和发热。患者无特殊慢性疾病史，无长期服用药物史。

二、诊治经过

入院后体格检查：体温38℃。患者全腹平，无陈旧性手术瘢痕。右下腹麦氏点固定压痛，腹部肌紧张，无反跳痛，未触及肿块。无肾区叩痛。血常规白细胞、中性粒细胞明显高于正常水平，红细胞正常，无贫血，超敏C反应蛋白升高。尿常规正常。超声检查发现右下腹一低回声管状结构，管壁肿大，考虑急性阑尾炎。下腹部CT检查发现右下腹盲肠近端一管状结构，直径增粗，管壁肿大，内见粪石嵌顿，周围有渗出，考虑急性阑尾炎。

初步诊断为急性阑尾炎后，办理住院，并完善相关检查。询问最后一次进食、饮水情况，术前谈话，当天急诊行阑尾切除术。术中发现：阑尾水肿增粗，表面附有脓胎（脓性分泌物），未穿孔。打开标本，内见粪石。手术顺利，术后恢复好。第7天拆线，伤口愈合好。术后病理报告示"急性化脓性阑尾炎"。

三、讨论

转移性右下腹痛病史与右下腹固定压痛是急性阑尾炎的诊断要点。对于临床表现不典型的患者，右下腹B超和（或）腹部CT对于急性阑尾炎的诊断和鉴别诊断有很大帮助。如遇到婴幼儿、老年人、妊娠妇女以及AIDS患者患急性阑尾炎，诊断较困难，应当格外重视。本案例患者有转移性右下腹疼痛和右下腹麦氏点固定压痛，初步诊断为急性阑尾炎。腹部肌紧张，血常规白细胞、中性粒细胞明显高于正常水平，超敏C反应蛋白升高，说明有炎症；无反跳痛说明炎症不是特别严重（壁层腹膜未受到明显刺激）。

急性阑尾炎一经确诊，除非患者有不能行手术的指征，否则应尽早手术切除阑尾，特别是婴幼儿、老人、妊娠妇女及AIDS患者。阑尾切除术可通过传统的开腹或者腹腔镜完成,对于术前诊断不确定者选择腹腔镜手术更为合适。

【素材出处】

沈柏用,邓侠兴:《住院医师规范化培训外科示范案例》,上海交通大学出版社,2016,87-89。(有删减)

【案例点评】

本病例的诊疗过程包含以下思政元素。

(1)本质与现象。由表及里把握疾病本质,是临床科学决策的基本途径。症状是疾病本质的外在表现,它的出现有着内在的病理学机制,提示着疾病的内在特征。本案例中,"转移性右下腹痛12小时伴呕吐发热"的症状是现象,而"急性阑尾炎"是本质,正是因为医生正确把握了本质与现象的关系,才使得患者得到及时的治疗。

(2)世界的物质统一性原理。马克思主义认为,世界统一于物质,这要求我们遵循一切从实际出发、实事求是的原则。疾病不是虚无缥缈的、主观臆测的事件,而一定有其相应的解剖学基础和病理生理学基础。在本病例中,患者得了"急性阑尾炎"的观点需要得到相关验证和支持。随后进行的体格检查、血常规检查和影像检查都验证和支持了医生的诊断观点,确诊才得以实现。术中的发现以及术后的病理报告,也证明了医生诊断的正确性。

(3)联系和发展的观点。疾病在不断地发展变化,一种疾病可能会累及多个脏器,彼此互相影响,因此我们应以联系、发展的观点来看待疾病的整个发展过程,认识疾病的转归和预后。急性阑尾炎如果不能及时手术,就可能导致病情加重,引发阑尾穿孔、坏疽、感染性腹膜炎、中毒性休克甚至危及生命,因此本病例确诊后当天急诊行阑尾切除术。

【教学建议】

本案例可用于《马克思主义基本原理》第一章第一节"世界的物质统一性"部分、第二节"联系和发展的基本环节"之"本质与现象"部分的辅助教学与相关考核。

(隆娟 郭昆全)

3　内科急诊案例：急性亚硝酸盐中毒

【案例呈现】

一、患者现病史与既往史

患者，男性，33岁，因"全身发绀伴头晕乏力8小时"到上海市某医院急诊科就诊。之前有进食"番茄笋干肉丝面"的经历，进食后半小时出现头晕状况，全身无力，没有头痛、胸痛、胸闷、恶心、呕吐、腹痛、腹泻等症状。当时自测血压很低（临近休克血压）。大约1小时后，出现烦躁、胡言乱语症状，到当地中心医院就诊。接诊医生查体，见患者发绀（嘴唇、手脚呈青紫色），指尖血氧饱和度明显降低，考虑"急性肺栓塞"可能，予以吸氧、肝素抗凝等对症治疗，患者症状未见明显好转，于当日下午2时转至上海市某医院急诊科就诊。20年前曾做过阑尾切除手术，没有糖尿病、高血压、心脏病，无药物及食物过敏史。

二、诊治经过

入院后体格检查：体温正常，心率加快，血压正常低值。神志清楚，全身发绀明显，呼吸急促。双侧瞳孔等大等圆，对光反射灵敏。颈软，双肺部、心脏、腹部、四肢、脊柱检查均正常。

吸氧过程中血氧饱和度降低。血常规白细胞、中性粒细胞偏高，红细胞、血红蛋白、血小板正常，肝肾功能、电解质、血糖在正常范围内，血气分析提示氧分压明显高于正常值，尿液中亚硝酸根离子浓度明显高于正常值，血液中亚硝酸根离子浓度略高于正常值。心电图、心脏彩超及肺动脉造影均正常。

入院后初步诊断：发绀待查，急性亚硝酸盐中毒可能。立即给予吸氧，并予以洗胃、亚甲蓝、维生素C、还原型谷胱甘肽、奥美拉唑等药物对症治疗。静脉注射亚甲蓝30分钟后，患者全身发绀及头晕症状明显好转，血氧饱和度逐渐恢复至正常范围。3天后患者症状明显好转，病情稳定，痊愈出院。

三、讨论

亚硝酸盐中毒是亚硝基化合物中毒的总称，食源性中毒者，以食用熟肉、腌菜等食品多见。临床上最常见的亚硝酸盐中毒是亚硝酸钠中毒，此物可使人体血液失去运输氧的能力,从而引起组织缺氧性损害。婴幼儿进食含亚硝酸盐偏高的食物,导致血液携带氧的能力下降,全身皮肤发紫,称为"蓝婴综合征"。值得注意的是,亚硝酸盐中毒后,血液中亚硝酸盐浓度低,不易检测;胃液或尿液残留量更多,更易检测。本案例患者既往无慢性病史,突发气促、发绀,追问有食用腌制食品经历。实验室检查发现,血气中的血氧饱和度与指尖血氧饱和度不相符。心脏彩超及肺动脉造影均正常,排除心脏及肺部疾病导致发绀。尿液中亚硝酸根离子浓度明显高于正常值,用特效解毒剂亚甲蓝治疗后症状明显好转,符合亚硝酸盐中毒的特征。

针对患者的情况,做出初步判断后,立即予以以下治疗措施。

(1)洗胃:患者为消化道来源的急性食物中毒,且中毒时间不长,给予充分洗胃治疗,减少毒物的进一步吸收。

(2)解毒:考虑急性亚硝酸盐中毒,予以特效解毒剂亚甲蓝解毒,并给予维生素C、还原型谷胱甘肽等抗氧化治疗。

(3)吸氧:患者有明显的发绀、烦躁等缺氧表现,入院后立即给予吸氧。

(4)给予奥美拉唑治疗,防止出现急性胃黏膜损伤。

【素材出处】

王吉耀:《住院医师规范化培训内科示范案例》,上海交通大学出版社,2016,473-475。(有删减)

【案例点评】

本病例的诊疗过程包含以下思政元素。

(1)本质与现象。马克思主义认为,本质是事物的根本性质,是构成事物的诸要素之间的内在联系。现象是事物的外部联系和表面特征,是事物本质的外在表现。因而现象是可以直接认识的,本质则只能间接地被认识。本案例中,"发绀"是现象,而隐藏在现象后面的本质则有多种可能性。急性亚硝酸盐中毒与急性肺栓塞都有这一症状,但二者在病因、临床表现、实验室和影像学检查等方面都有不同。如何从扑朔迷离的复杂现象中把握住问题的实质?这要求我们从实际出发,从实践出发。转入医院的医生在掌握病症的基础上,通过接触患者进行追问,掌握了一个非常关键的事实:患者有明确的进食腌制食物的经历。在此基础上应用解毒剂亚甲蓝进行治疗,随后全身发绀症状明显好转。从实际出发,从实践出发,医生紧紧抓住了问题的症结,掌握了事物的本质所在。

(2)坚持"两点论"和"重点论"的统一。"重点论"是指要着重把握主要矛盾、矛盾的主要方面,并以此作为解决问题的出发点。"两点论"和"重点论"要求我们看问题既要全面地看,又要看主流、大势、发展趋势。这与临床思维中的"降阶梯思维"是完全一致的。急诊医学诊断和救治必须突出救治重点,抓住病情的主要特点和决定全局的关键,分清先后缓急,如果不及时,可能会导致患者死亡。因此临床上要按照危重程度排查,从危及生命的疾病到一般性疾病,从进展迅速的疾病到进展缓慢的疾病,从器质性病变到功能性病变依次进行处理。本病例中,医生在做出"急性亚硝酸盐中毒"的初步诊断后,立即予以患者吸氧、洗胃和解毒治疗,是因为毒物对患者生命构成了严重危害,缓解、解除这种危害,是需要首先解决的主要矛盾。洗胃后有可能造成出现急性胃黏膜损伤,这是需要解决的次要矛盾,因此在第一时间抢救患者生命后,及时给予奥美拉唑治疗。

【教学建议】

本案例可用于《马克思主义基本原理》第一章第二节"联系和发展的基本环节"之"本质与现象"部分、"矛盾的普遍性和特殊性及其相互关系"之"坚持'两点论'和'重点论'的统一"部分的辅助教学与相关考核。

（高志婕　郭昆全）

4 内科漏诊案例:食管癌漏诊

【案例呈现】

一、患者基本情况

患者,女性,62岁,因"胸骨后不适2年余"到我院就诊。患者因胸骨后闷胀不适,分别于2年前和1年前在当地县医院行胃镜检查,均未发现明显异常,自行服用中草药治疗,症状反复发作。3个月前症状加重伴有进食不畅感,到我院行胃镜检查,发现食管下段有隆起性改变,未进行特殊诊治,建议患者到三级甲等医院进一步诊治。患者遂根据建议到上海某三级甲等医院进行检查。

二、诊治过程

胃镜检查示:食管后壁有较大黏膜下隆起,黏膜表面光滑。超声胃镜检查示:食管下段近贲门有一低回声占位,病灶大小约 5.0 cm×5.5 cm,包绕主动脉。CT示:食管下段及贲门壁肿块,纵隔及腹腔多发淋巴结肿大及肝脏转移。根据内镜检查结果,认为病变主要位于黏膜下。为进一步明确诊断,将黏膜切开活检,切开时发现黏膜层与肿物有可见分界,局部粘连不明显,病理诊断为鳞状细胞癌。

三、讨论

食管癌是起源于食管上皮层的恶性肿瘤,内镜检查可直接观察到食管黏膜上皮的变化,因此被认为是早期发现食管癌的最重要手段,包括白光内镜检查、色素内镜检查以及电子染色内镜检查。然而,以上各种内镜检查对早期食管癌诊断的准确性,均基于一个病理学基础即食管黏膜上皮层的破坏,其破坏程度常与内镜下病变的严重程度呈正相关,也与食管癌的生长方式密切相关。食管癌的主要生长方式有以下几种:①表浅扩展生长方式为主型,主要限于表皮内或浅层生长扩展;②外向性生长方式为主型,在表皮内癌的基础上,癌组织伴随固有膜向表面生长形成乳头状结构;③内向性生长方式为主型,在表皮内癌的基础上,癌组织突破基底膜向下浸润性生长,如下图所示。

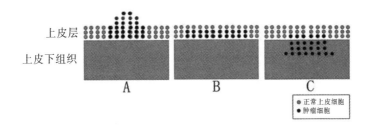

食管癌主要生长方式示意图
A—外向性生长；B—表浅扩展生长；C—内向性生长

本案例患者黏膜上皮层未明显破坏,病变主要位于上皮下,结合内镜下表现及病理检查结果,可确定食管癌的主要生长方式为内向性生长方式为主型。该患者在就诊过程中,曾多次进行胃镜检查均未发现食管黏膜有明显异常,但没有进行超声内镜(EUS)及CT检查,因此未能较早发现上皮下的病变,当出现明显食管压迫症状时,肿物已浸润到重要血管并发生远处转移,患者已处于疾病晚期。

为提高对早期食管癌的诊断水平,临床工作中应注意以下几点:①重视患者的临床症状,如胸骨后不适、进食滞留感、吞咽不适、消瘦等。②注意观察患者症状的变化,如对症治疗一段时间后症状未改善,应考虑进行进一步的检查。③行胃镜检查时,不仅要关注黏膜表面微结构及微血管的变化,而且要注意观察食管壁的隆起及食管蠕动情况。④采用其他食管癌检查手段进行检查,如上消化道造影,可显示食管蠕动的异常,发现食管壁病变;EUS及CT检查可显示食管壁的层次、厚度及壁外情况,是发现内向性生长食管癌及判断其浸润深度的关键;正电子发射计算机断层显像(PET-CT)检查可发现代谢异常的肿瘤组织。此外,临床医生还要具备早期诊断食管癌的意识,熟悉食管癌的各种生长方式及相应临床表现,才能减少漏诊的发生。

【素材出处】

张国祥,吴建华:《食管癌1例漏诊分析》,《内科》,2019(2):251-252,封3。(有删减)

【案例点评】

本病例的诊疗过程包含以下思政元素。

(1)假象与本质。在纷繁复杂的疾病表现中,有真相,也有假象。疾病真相是疾病本质正面的、一般的表现形态,与疾病本质的吻合率高,解释力强。疾病假象从反面反映疾病本质,与疾病本质吻合率低,解释力弱。如本病例中,患者曾多次进行胃镜检查,均未发现明显异常,这就是疾病假象以否定的方式反映着疾病本质。这个假象产生的原因有三个方面:第一是该患者食管癌为内向性生长方式为主型,此类食管癌早期症状不明显,难以发现,这是漏诊发生的重要原因;第二是辅助检查方法的局限性,当时未对患者进行超声内镜及 CT 检查,因此未能及早发现上皮下的病变;第三是对疾病症状的认识水平不足,受当时当地主客体条件的限制,对不典型的症状表现"胸骨后闷胀不适"未予以重视。疾病的假象体现疾病本质的多样性和复杂性,是导致误诊、漏诊的重要原因。

(2)矛盾的普遍性与特殊性。同样是食管癌,可以表现为不同的生长方式,同时,机体的复杂性、患者的个体差异性、病程发展的过程、临床表现的不典型性等,都可能影响临床医生的视线和思路。因此在临床诊疗中,只有充分把握矛盾的普遍性与特殊性,坚持具体问题具体分析,才能认清事物的本质和发展规律,并采取正确的方法和措施去解决矛盾,推动事物的发展。就本病例而言,从知识结构上,医生要熟悉食管癌的各种生长方式及临床表现;从思维方法上,要以发展的眼光追踪病情,以联系的观点看待症状;从临床实践上,要密切观察病情并分析和评价疗效,根据反馈的情况重新考虑诊断,而不掉以轻心。唯有如此,才能以较快的速度修正错误,避免或减少误诊、漏诊。

【教学建议】

本案例可用于《马克思主义基本原理》第一章第二节"联系和发展的基本环节"之"本质与现象"部分、"矛盾的普遍性和特殊性及其相互关系"部分的辅助教学与相关考核。

(高志婕　郭昆全)

5 外科误诊案例：囊性肾癌误诊为肾囊肿

【案例呈现】

一、患者基本情况

患者，男性，64岁，因"左侧腰腹部胀满不适1周"于2019年2月18日入院。身体消瘦，近10余年来体重无明显变化。既往体检发现左肾囊肿10余年，B超提示囊肿逐年增大。

二、诊治经过

入院时生命体征平稳，心脏及肺部检查未见异常。左侧上腹部可触及拳头大小包块，无明显压痛，其余查体未见明显异常。入院后查B超提示左肾囊肿，最大直径约11 cm，CT显示左肾上腺囊肿。各项化验检查未见异常。诊断为肾囊肿。患者及家属要求穿刺治疗，穿刺结果显示未查见肿瘤细胞，生化结果符合囊液表现。

患者术后第3、5、7天复查B超提示囊肿逐渐增大，于1个月后在外院再次穿刺治疗，未查见肿瘤细胞。3周后复查B超，囊肿萎缩，遂拔管。拔管后2周，B超检查提示囊肿再次增大，复查增强CT提示囊壁较之前明显增厚，建议患者住院并行开放手术探查，术中见左肾周围粘连明显，充分暴露肾脏后，见肾上腺囊性包块，囊性包块基底部呈实性，考虑肾肿瘤，行肾部分切除术。术后病理诊断：左肾透明细胞型肾细胞癌，未侵及肾被膜。术后随访至1年余，患者情况稳定，未见复发。

三、讨论

囊性肾癌是一种临床上较少见的肾癌类型，难以与复杂良性囊肿、肾癌囊性变等相区别，易被误诊。本病例患者既往体检B超发现左肾囊肿10余年，因自觉左侧腰腹部胀满不适就诊，结合B超、CT等检查考虑为单纯性囊肿，故给予穿刺抽液＋无水乙醇注射。术后很快复发，不排除穿刺后囊内新出血或囊肿大、无水乙醇固化效果不佳的可能，故建议患者再次穿刺并留置引流管。拔管后囊肿再次增大，复查增强CT提示囊壁变厚，且局部囊壁增厚明显，意识到肿瘤可能性大，建议对患者行开放手术探查，行左肾部分切除术，术后确诊为左肾透明细胞型肾细胞癌。

【素材出处】

乔少谊，陈兴发：《囊性肾癌误诊肾囊肿 1 例报告》，《现代泌尿外科杂志》，2021(5)：448，450。（有删减）

【案例点评】

本病例从误诊到确诊的过程包含以下思政元素。

(1)认识的过程。人类的认识是一个反复循环和无限发展的过程。这个过程既不是封闭式的循环，也不是直线式的发展，往往充满了曲折以至反复，因而是一个波浪式前进和螺旋式上升的过程。在人类对疾病的整个认识过程中，生命活动的复杂性、人类认识的局限性和阶段性，使得人类对疾病的认识结果作为一种相对真理，总是需要在深度和广度上进行拓展以弥补认识上的不足，因此误诊是难免的，甚至从某种意义上说，误诊是人类对疾病认识史上的必经环节。

(2)现实与可能。误诊作为不受欢迎的事件，过去有，现在有，将来还会有，这是一种现实。相对而言，对复杂病症、疑难杂症、异常发展的病症、非典型病症、罕见病症往往容易误诊。本病例患者之所以出现误诊，一个重要原因是囊性肾癌在临床上比较少见，难以与复杂良性囊肿、肾癌囊性变等相区别。但对于某种疾病而言，误诊因为医学的进步而减少是可能的；对于某位医生而言，由于技术水平或责任心的提高而减少误诊是可能的。

(3)实践是检验真理的唯一标准。诊断是临床医生对疾病的一种认识，属于主观范围。主观范围内的诊断是否符合客观存在的疾病本质，这是在主观范围内无法回答的问题。为了检验认识正确与否，只能从主观认识回到客观的医疗实践。一般来说，人们在医疗实践中获得了对疾病的认知后，用其去指导医疗实践，如果达到了预期目标，取得了较好的疗效，那么这种诊断就是正确的；反之就有可能是误诊。本病例中，囊肿两次穿刺但两次复发，证明之前"单纯性肾囊肿"的诊断有误。手术发现囊性包块并行肾部分切除术，通过病理确诊囊性肾癌，最终才达到良好的治疗效果。

【教学建议】

本案例可用于《马克思主义基本原理》第一章第二节"联系和发展的基本环节"之"现实与可能"部分、第二章第一节"实践与认识的辩证运动及其规律"部分、第二章第二节"真理与价值"之"真理的检验标准"部分的辅助教学与相关考核。

（隆娟　高志婕）

6　防止过度医疗:惰性淋巴瘤的新认识

【案例呈现】

虽然肿瘤有良性、恶性之分,但多年来的共识认为起源于淋巴结和淋巴组织的肿瘤(淋巴瘤)都是恶性的。近年来,由于放、化疗技术进步,淋巴瘤患者的生存率显著提高,但越来越多的病理和临床研究揭示并非所有的淋巴瘤都需要治疗。实际上,有一组非霍奇金淋巴瘤具有缓慢的临床进展,甚至确诊后病变会停滞多年、预后极好,完全不同于普通的淋巴瘤,这一组淋巴瘤称为惰性淋巴瘤。这一组淋巴瘤虽然从生物学性质来说仍属于恶性肿瘤,但按照传统概念进行放、化疗,多数患者并不获益,甚至会有一定的副作用。这些肿瘤亚型仅仅手术局部切除即可,随访观察,患者多年无复发,可长期生存。因此,为减少过度医疗,十分有必要了解这一组惰性淋巴瘤,以便对其进行精确的病理诊断,准确判断病情,进行适当的处理。

大概40%的非霍奇金淋巴瘤属于惰性淋巴瘤,其临床进展缓慢,病程较长,患者有着较长的生存期,但一般难以治愈。大部分患者在发现症状后开始治疗,在一定程度上缓解了症状,但随之而来的副作用也值得关注。同时,为增强效果而采用的联合化疗并不能有效改善患者的生存状况。因此,对于惰性淋巴瘤需要寻求更加有效的药物及治疗方法。不同的惰性淋巴瘤在临床特征及治疗方面均存在着差异,需区别对待,本文主要介绍以下几种不需要化疗的惰性淋巴瘤亚型。

第一种:儿童型滤泡性淋巴瘤。这是一种独特的临床病理实体,虽然最初是在儿童中发现的,占儿童非霍奇金淋巴瘤的1‰~2‰,但后来发现它也可发生于年轻人,甚至老年人中。大部分患者表现为局部病变,局部切除后完全缓解,预后良好且可无病生存。因此,目前对该类肿瘤推荐"观察及等待"的治疗策略,但对于临床分期较高或伴有其他亚型淋巴瘤的患者需采取化疗或局部放射治疗。

第二种:十二指肠型滤泡性淋巴瘤。十二指肠型滤泡性淋巴瘤主要指发生于小肠,且最常见的部位是十二指肠降部的淋巴瘤,与其他淋巴瘤不同的是,它几乎总是在较初级的阶段被诊断,通常在合并其他病变引起上消化道症状时被发现,或是在体检中被发现。绝大多数患者没有症状,仅一小部分患者有某种形式的腹部症状。鉴于其预后良好,即使不治疗,仍罕见进展的病程,肿瘤学家建议采用"观察与等待"的方式来对待此种淋巴瘤,而不需要额外的化学疗法。

第三种:MALT淋巴瘤。MALT淋巴瘤是典型的低级别结外淋巴瘤,以淋巴组织浸润性破坏黏膜导致所谓的特征性改变(淋巴上皮病变)为特征。MALT 淋巴瘤在临床上是胃黏膜相关淋巴瘤最常见的病理类型,其临床表现多种多样,从恶心、呕吐、消化不良、上腹痛,到急性大出血、慢性胃出血伴缺铁性贫血、幽门狭窄、体重减轻等。少数情况下,也可出现发热或盗汗(典型的 B 细胞淋巴瘤表现),甚至当胃壁有浸润时会发生穿孔。尽管该类型淋巴瘤属于低级别,是一种惰性、多病灶的肿瘤,但其发病率和死亡率较高,手术切除后复发率高,且部分可转变为高级别淋巴瘤,故病理分期是必要的。胃 MALT 淋巴瘤与幽门螺杆菌感染密切相关,幽门螺杆菌在胃 MALT 淋巴瘤发病机制中的作用被认识以后,从根本上改变了这类患者的预后,即只要根除该病原体,患者的生存率就会提高。目前,对于 MALT 淋巴瘤,早期患者的首选治疗方案是根除幽门螺杆菌,而对于晚期患者则需要辅以抗肿瘤治疗。

鉴于对淋巴瘤认识的局限性,人们常称其为"淋巴癌",而随着医疗水平的不断提高,人们或许不再"谈癌色变",但面对恶性淋巴瘤,大家仍应该辩证地去看待。以上介绍了不同亚型惰性淋巴瘤的临床特征及处理原则,使得大家对这些肿瘤有了一定的认识。和很多恶性肿瘤一样,淋巴瘤也有高度恶性和低度恶性(惰性)之分,只是以前我们只关注高度恶性的那部分,而忽略了惰性淋巴瘤的存在。随着检查和诊断技术的不断提高,我们逐渐认识并接受了惰性淋巴瘤的概念。从治疗角度来看,既然不是所有淋巴瘤都是高度恶性的,那么对肿瘤的治疗自然应区别对待,即用于高度恶性淋巴瘤的治疗方案和处理原则不适用于惰性淋巴瘤。我们应强调对于那些低度恶性的淋巴瘤不能过度治疗,甚至部分亚型确诊后只需观察、随访就可以。

【素材出处】

杜军,周晓军:《淋巴瘤诊治中的过度医疗:惰性淋巴瘤的新认识》,《医学与哲学》,2021(8):18-21。(有删改)

【案例点评】

本案例中对惰性淋巴瘤的新认识包含以下思政元素。

(1)认识过程。人的认识过程是一个在实践基础上不断深化的发展过程,因此医学对许多疾病及其医疗决策的认识也有一个渐进的、不断深化的发展过程,不可能一蹴而就。正如对"宫颈糜烂"的认识一样,从认为需要消除糜烂面,到认识到宫颈糜烂是由激素引起的正常生理现象,经历了漫长的历程。本案例中,通过不断的医学实践,人们对淋巴瘤的认识也经历着了"淋巴瘤都是恶性的"到"存在惰性淋巴瘤"的发展过程。在对疾病的认识不断深化的基础上,以前认为必要的治疗就不再被认为"必要",这是过度医疗的认识论因素。

(2)适度原则。事物包括质、量、度三方面的规定性。度这一哲学范畴启示我们,在认识和处理问题时要掌握适度原则。"适度"听起来并不复杂,但在实际的医疗过程中却不容易把握。针对具体的疾病、具体的患者,不同医生对是否需要治疗、怎样治疗、治疗到什么样的程度经常出现不同的见解。即使是同一种疾病,某种治疗方式对一位患者可能是适宜治疗,但对另一位患者可能就是过度医疗;在某个时间这种治疗手段对该患者是过度医疗,但过一段时间可能就是适宜治疗。如本案例中MALT淋巴瘤早期只需要根除幽门螺杆菌,而对于晚期患者则需要辅以抗肿瘤治疗。因此,医生应该从病人的最大利益出发,恰当地给出适宜的治疗方案,防止过度医疗的发生。

(3)矛盾分析法。矛盾分析法的核心要求是善于分析矛盾的特殊性,做到具体问题具体分析。针对同样的肿瘤疾病,医生要从不同的维度出发进行具体的分析,才能做出正确的决策,不可一概而论。从具体病情出发,肿瘤的发展状态不同,可能处于开始萌芽期,可能处于迅速发展期,也可能处于相对稳定(惰性)期;从患者本人的情况出发,患者可能是年轻人、中年人或者是老年人,身体状况可能是健康或者衰弱,心理状况、家庭条件也不同;不同类别的肿瘤,也各有其特点。因而在进行治疗决策时,应当发现这些不同,并有针对性地采用不同的治疗方案。如本案例中,针对低度恶性的淋巴瘤就不能运用高度恶性淋巴瘤的治疗方案和处理原则,甚至部分亚型确诊后只需观察、随访就可以。将来,医疗技术的发展将有助于鉴别出更多低风险肿瘤,从而为患者提供更有针对性的、不同风险分层的治疗方案和预后评估。对不适合化疗的患者,也将有更多的治疗方案可供选择,以满足不同患者的需求。

【教学建议】

本案例可用于《马克思主义基本原理》第二章第一节"认识的本质与过程"部分、第一章第二节"量变质变规律和否定之否定规律"部分,以及第一章第三节"唯物辩证法是科学的认识方法"部分的辅助教学与相关考核。

(高志婕 郭昆全)

第四章 医患关系案例

医学职业的利他性，要求医务人员在医疗活动中要有发自内心的、强烈的道德感和责任意识，以保证医疗行为的正确和对患者的无伤害，所以，培养医学生的社会担当和道德责任感成为医学教育的重要内容。医生的职业道德是一套被社会广泛认可的原则，这些原则又衍生出一系列具体的责任与义务，如医学伦理的不伤害、有利、尊重、公正四原则等。我国的相关法律也明确规定，在医疗过程中，患方享有知情同意权，医务人员承担相应的告知义务和说明义务，医务人员要尊重和维护患者的隐私权等。因此，培养医学生的道德责任感和法治思维，是构建和谐医患关系的现实需要，也是全面依法治国的应有之义。本章包含6个案例，从不同的角度对医生的职业道德、法治意识的重要性进行了诠释。将医患关系的案例用于医学生的思想政治理论课教学，以正面的案例引导学生思考学习，以反面的案例引起学生警醒和反思，可以帮助医学生自觉加强相关知识的学习，提升个人道德水平。

1 患者术后药物过敏死亡

【案例呈现】

某女性患者,63岁。因"慢性胆囊炎急性发作、胆囊结石"入住某三甲医院,完善术前检查后全麻状态下行腹腔镜下胆囊切除术,术程约一小时,过程顺利,于15时30分安全返回病房予以输液抗炎、支持治疗。18时许,输入抗炎药炎琥宁后患者开始感觉全身不适,有头晕、恶心等现象,随后出现寒战。家属叫来值班医师,医师只看了监护仪,说一切正常,便离开病房。过了一小时,患者仍有寒战,护士为其加盖了被子,再次叫来值班医师。值班医师没有为患者查体,也未测体温,只是问:"你真的有那么难受吗?"看到监护仪各项指标正常便又离开病房。直到20时30分患者感到不冷了且有热感,护士测体温39.5 ℃。20时50分患者烦躁不安,呼吸急促,值班医师才请内科医生会诊,并叫来二线医师共同抢救,至23时患者宣告临床死亡。

死亡病例讨论:本病例诊断明确,手术适应证、指征明确,手术成功,术后至死亡前临床表现可排除术后出血等外科并发症。认为药物过敏性休克可能性较大,由于值班医师重视不够,未能及时处理,失去最佳抢救机会。

患者家属投诉值班医师不负责任,草菅人命,要求处理值班医师,并要求医院予以赔偿。经委托第三方进行医疗损害鉴定,认为患者死亡与医疗过错存在直接因果关系,院方负主要责任。

【素材出处】

姚聂,王平,郭玉娟,等:《从医疗纠纷案例反思医学人文关怀》,《中国卫生法制》,2014(4):57-60。(节选)

【案例点评】

本案例中导致患者死亡的原因是药物过敏,但与值班医师工作不负责任有直接关系。中国自古对医生有"大医精诚"的告诫,西医也有"敬畏生命,是医生的第一品格"的伦理要求,医务人员的职业道德也要求对工作极度负责、恪尽职守。医生一定要对自己的职业心存敬畏,对患者心存大爱。"一切为了患者,为了一切患者,为了患者一切",医生的这种职业态度并不是一句口号,应该落实到医疗的实践过程中。

【教学建议】

本案例可用于《思想道德与法治》第五章第三节"恪守职业道德"部分的辅助教学,教师在讲授"职业道德"时,可引导学生思考讨论:如何理解医生职业道德的本质是尊重生命?

（隆娟　王茜）

2 手术刀下的文化追问

【案例呈现】

陈焕然,著名整形美容外科医生,中国协和医科大学(今北京协和医学院)整形美容外科专业博士,从事整形美容外科近30年。作为目前中国水平最高的整形美容外科医生之一,陈医生不轻易给人做整容手术。因为在他看来,每一张脸都是独一无二、弥足珍贵的,整形医生不能随意拿起手术刀来更改上帝的杰作;医学也不是精确的科学,而是经验科学,绝对不像流水线那样整齐划一。因此,第一次去找他的患者都被拒之门外,二十多年来,他拒绝的患者多达数万人。

去找他做整容手术的女孩都需要经过三关:第一是心理关,如果心理鉴定或心理测试显示为正常,就可以进入第二关——审美关,审美观稳定的人才能进入第三关——手术风险关,他把要做的手术所有近期、中期和长期的并发症和坏处都列举出来,让患者慎重考虑,考虑成熟的人才能做手术。经过这三个"关口",最后真正能做手术的人只有10%~20%。他说,患者对医生有多大的信任才能让医生用锋利的刀划开她的脸,对于有些人来讲,脸比生命还重要,因此医生更要从心里尊重患者、感谢患者。

有一次,一个上初中的女孩去找陈焕然医生做整容手术。她因为同学一个无意的动作,就认为对方嘲笑自己丑陋,并且因此留下心理阴影,严重影响了学习。陈医生认为女孩还没到十八岁,身体发育没有成熟,世界观和审美观尚未形成,就拒绝了她的要求。三年后,那个女孩又来找他,陈医生就说:"你现在年满十八岁了,我可以给你做,但不是现在,你回去好好念书,等到二十二岁左右身体发育定型了,如果那时候你还想做,我一定给你做。"女孩看到了希望,回去之后努力学习,考上了大学。到了大三,女孩在父母的陪同下来找陈医生,但这次不是要做整容手术,而是对他表示感谢。她认为现在的自己很美丽,学习成绩也很好,目前正在复习考研,而且对未来充满希望。陈医生拒绝了女孩整容的要求,却赢得了女孩的感激和信任,因为他是真正站在患者角度来考虑问题的。他常常建议患者"要做独特的自己,而不是漂亮的别人"。

陈医生强调,一个医生首先要心存善念,身体去做善事,嘴巴要讲好话,带着文明而美好的语言去温暖他人,就会收获和谐的人际关系和医患关系。把医学上升到美学和人文关怀的层次,让患者因为这份美丽改变自己的人生,这才是整容医生真正收获成就感的时刻。

【素材出处】

根据"CCTV《文化视点》文化公开课:手术刀下的文化追问"整理。

【案例点评】

善念是医学的灵魂,仁心是医生的行为原则,妙手和仁术则是实现医者父母心和医学人文关怀最好的保障和手段。本案例中陈焕然医生拒绝为一个上初中的女孩做整形手术,真正站在患者的角度考虑问题,是从职业道德的角度对医疗行为进行自觉的约束,他强调的心存善念、做善事、讲好话等行为,则是对职业道德的践行。

【教学建议】

本案例可用于《思想道德与法治》第五章第三节"恪守职业道德"部分的辅助教学,教师可引导学生思考:医务人员的职业道德包括哪些责任和义务?

(隆娟　王茜)

3 一封医学生的感谢信

【案例呈现】

皮肤科Ⅱ病区所有的医护人员：

10月6日,我因过敏性皮炎住进了××医院皮肤科Ⅱ病区,面部明显肿胀,有红斑、破溃并伴有渗液。我当时挺绝望的,十分害怕自己会毁容。每次听医生说"怎么这么严重？怎么还肿？"之类的话,我都非常害怕,不想吃饭,不想喝水,不想做任何事情,只想通过睡觉来逃避。我特别害怕上厕所,因为卫生间有镜子,它会让我看到丑陋的自己。

露露姐姐和菲菲老师（医务人员）不停地安慰我,虽然每次都很简短,但我当时真的挺感动的,慢慢地我下楼治疗就不再遮着脸了,我也相信自己总会好的。还有李医生,每次到病房来都会安慰我。记得我特别绝望的时候说过一句话："宁可病在内里,也不愿病在脸上。"他就笑着问我："生命和健康重要还是脸重要？"还说了很多安慰我的话,当时我心里感到特别温暖。

张医生和蔼可亲又善解人意,我觉得这个医生很棒,她不仅会治皮肤病,还会治心病。看完病她还到处帮我问医疗费用报销的问题,真的是太好了！护士长也很好,因为学了相同的专业,我和她慢慢熟悉起来。她心细,操作很熟练,脾气很好,对病人也很温柔。她下班了还陪我出去吃东西,有一次还给我带早餐。真的很感谢你们！

15天的住院时间不算短,但我还是很高兴的,最重要的是我在这里找到了人生目标。我自己是学护理学的,可当初选这个专业并不是出于我本人的意愿。这次住院的经历,竟然使我改变了想法,我觉得医生和护士都是天使洒落在人间的光,治身上的病,也治心病,就像××老师跟我说的：医德和医术同样重要,二者缺一不可。以前一直觉得人文关怀是多余的,但当过一次病人才知道,看似简单、不起眼的几句话,却往往最能温暖人心。我以后一定要以各位前辈为榜样,努力学好专业知识,做一个小太阳一样的护士,努力认真自律地去生活,对病人温柔而善良,知足且上进。

最后,再一次表达我对××医院皮肤科Ⅱ病区全体医护人员的感谢,你们不仅医术精湛，而且医德高尚，让我在绝望的时候感到温暖，不仅治好了我身上的疾病，也治好了我的心病。希望这种优良的作风能一直传承下去！祝××医院越来越好！

吴××
2020 年 10 月 21 日

【素材出处】

隆娟，王茜：《临床医学专业课程思政教学案例集》，华中科技大学出版社，2021，159-160。

【案例点评】

本案例中患者感谢的是医务人员对患者的安慰和鼓励，而非医疗技术。医生的医疗能力既包括医学技术能力，也包括医学人文能力，两者不可分割。"医学-社会-心理"新医学模式要求医务人员不仅要看人的病，还要关注病的人。在与本案例患者沟通的过程中，医务人员充分考虑患者焦虑甚至绝望的心理状态，及时予以专业的安慰、鼓励和帮助，给予患者对抗疾病的信心和勇气。正如患者所说，医务人员不仅治好了她身上的疾病，也治好了她的心病。医务人员的关心和爱护，不仅让患者真切感受到人文关怀的重要性，而且让患者找到了人生目标，这是医生对职业道德最好的践行。

疾病带给人的不仅是生理损伤，同时还有心理损伤，几乎不存在仅有生理损伤而无心理损伤的疾病。因此，医务人员在医疗过程中要遵循"身心一体"的治疗原则，重视对病人的心理抚慰，这一原则体现着哲学中"普遍联系"的"整体性"观点。

【教学建议】

本案例可用于《思想道德与法治》第五章第三节"恪守职业道德"部分的辅助教学，也可用于《马克思主义基本原理》第一章第二节"联系和发展的普遍性"部分的辅助教学，教师可引导学生思考讨论：医生如何在医疗过程中真正实现人文关怀？

（王茜　隆娟）

4 榆林产妇跳楼案

【案例呈现】

2017年8月31日20点左右,陕西省榆林市第一医院绥德院区妇产科产妇马某从5楼分娩中心坠下,因伤势过重,经医务人员抢救无效身亡。事后,榆林市公安局经勘查,认定系自杀。

对于产妇坠楼,医院与家属双方各执一词。医院发布情况说明:主治医师曾多次向产妇、家属说明情况,建议行剖宫产终止妊娠,产妇及家属均明确拒绝,坚决要求以催产素诱发宫缩经阴道分娩,并在产妇知情同意书上签字确认顺产要求。同时,医院公布监控录像截图,称产妇两次下跪请求家属同意剖宫产,医务人员也向家属提出剖宫产建议,均被家属拒绝,最后产妇因疼痛难忍导致情绪失控跳楼。

而死者丈夫对院方的声明并不认可,声称入院时医生问是选择顺产还是剖宫产,产妇和家属的意见是"能顺产就顺产,不能顺产就改为剖宫产",还特意向医生确认了"可以改",家属才先后两次在产妇知情同意书上签署"情况已知,要求阴道分娩,谅解意外""情况已知,要求静滴缩宫素催产,谅解意外"的意见。视频截图中的下跪"不是下跪,是她(产妇)疼得受不了,人往下瘫软"。产妇第二次走出产房要求剖宫产,家属也要求医生行剖宫产,但医生说"不用剖了,马上就生产了"。过了一会儿,医生出来说产妇不见了,随后产妇被发现已坠楼。

该事件中,医院和家属双方都认同产妇马某曾多次要求行剖宫产。但事实是,马某自己的这一决定,始终未被认可。这起"一尸两命"案的悲剧,引发了社会对"手术必须家属签字"制度的全面反思,人们纷纷追问:到底谁能决定产妇的分娩方式?

【素材出处】

澎湃新闻:《榆林产妇跳楼事件 主治医师已停职配合调查》,2017-09-06,http://shanghai.xinmin.cn/xmsq/2017/09/06/31263009.html。(根据以上资料整理)

【案例点评】

这是一起原本可以避免的悲剧。抛开医院在人员的配备不能满足紧急情况下的工作需要、医疗安全管理薄弱等方面的问题,从医务人员的角度来讲,主要存在两个方面的问题。一是职业道德的缺乏。产妇对疼痛已经到了难以承受的境地,医务人员未予以足够的重视。此时医务人员应给予有效的指导和安慰、鼓励,陪伴、引导产妇渡过难关。同时,从"有利、尊重"等最基本的医疗伦理角度来看,医务人员以"家属拒绝"作为没有及时实施剖宫产的理由,坐视产妇痛苦不管,是引起这起悲剧的重要原因,绝不是一句"与医院诊疗行为无关"就能撇清的。二是法治素养的欠缺。根据相关法律条文的规定,在是否实施剖宫产的问题上,产妇的决定权高于家属;产妇为成年人,神志清醒,亦无精神病史,即使家属不同意,医务人员也可以建议产妇撤回对家属的授权,重新签署一份本人知情同意的意见书,即可行剖宫产。

从案件的社会影响来看,在悲剧发生的第一时间,由于情况还在调查中,广大网友看到相关报道,都认为是家属不同意剖宫产导致了悲剧的发生,一边倒地指责、谩骂马某的丈夫,逝者家属在痛失妻儿后又遭受了网络暴力。随着调查的深入,事情的真相逐渐浮出水面,但是此前的网络暴力已经对逝者家属造成了巨大的伤害。这也提醒我们要加强网络道德自律,在缺少外在监督的网络空间里,做到自律而"不逾矩",促进网络生活的健康与和谐。

【教学建议】

本案例可用于《思想道德与法治》第五章第三节"网络生活中的道德要求"部分、"恪守职业道德"部分,以及第六章第四节"法律权利与法律义务"部分的辅助教学,教师可引导学生思考:作为医务人员,应该如何践行职业道德?作为网民,应如何加强网络道德自律?在医疗过程中,患者有哪些权利?

(隆娟　王茜)

5 泄露患者隐私引发纠纷

【案例呈现】

某高校一名大三学生,因身体不适去医院检查,结果显示该同学已感染艾滋病病毒。负责接诊的医生按要求将情况反馈给当地疾控中心,疾控中心又对该同学的情况进行了复查,一旦确认,将由疾控中心通知学生本人。在复查结果出来之前,接诊的医生将这一情况透露给该同学所在学院的领导——该医生与学院领导是亲属关系,并善意提醒关注该同学的心理状况,以防出现意外。

由于事关重大,该领导迅速向上级领导汇报,经商讨,为预防学生得知确切消息之后发生意外情况,学校在疾控中心通知学生之前联系了学生家长。家长闻讯赶到学校,与学院领导、辅导员一起对该同学进行陪同和心理疏导。事后,学生投诉该接诊医生泄露患者个人隐私,要求赔偿精神损失费。经调解,医院赔偿该同学4万元人民币。

【案例点评】

这是一起医生缺乏法治意识引发的医患纠纷。在整个诊疗的过程中,尊重患者的知情权、隐私权是医生的准则。新千年《医师宣言》中也规定医师有"为患者保密"的责任,在没有得到患者授权的情况下,不能向任何人泄露患者信息。该案例中医生的本意是关心学生,好心提醒学校,但没有考虑到保护患者隐私权的问题,最终引起纠纷。

感染艾滋病病毒会给人带来极大痛苦,包括身体上的和心理上的。在人生最美好的阶段发生了这样重大的变故,应该以怎样的态度来看待生与死,看待今后的人生?不同的人生态度会造就不同的人生,只有具有积极进取的人生态度,才能实现崇高的人生追求。本案例中的大学生在确诊后没有颓废堕落、自暴自弃,而是迅速调整心态,积极配合治疗,学习更加努力,顺利毕业,参加工作后认真负责,现在已经成长为所在科室的业务骨干。

【教学建议】

本案例可用于《思想道德与法治》第一章第二节"积极进取的人生态度"部分、第六章第四节"人身权利"部分的辅助教学,教师可引导学生思考:大学生应该有怎样的人生态度?作为医务人员,应该尊重患者的哪些权利?

(隆娟 王茜)

6　因理解差异导致患者跳楼

【案例呈现】

患者,女,36岁,农民,因发热1周待查入院。入院后给予相关检查,并进行对症治疗,体温仍不退,诊断不明。周一查房,一位副主任医师了解完该患者的病情和检查情况后,在病床边针对患者的病情与下级医师进行病因分析:"这位女患者,体温不退,不能排除白血病的可能,应该进一步检查……"分析完后,副主任医师和主管医生并未询问患者有什么问题。患者听后,认为自己得了白血病,感到十分绝望,于当晚跳楼自杀,致颈椎骨折伴截瘫。后根据相关检查结果,诊断为伤寒。为此,患方提起诉讼,要求医院承担法律责任。

【素材出处】

王茜,严世荣:《医患沟通概论》,人民卫生出版社,2014,36。

【案例点评】

医患关系中的有效沟通是由医生的职业道德形成的责任和义务之一。医生在与患者沟通的过程中,根据有益、避免伤害、尊重患者自主性等道德原则,要充分考虑患者的生活背景、患者本人的情况等问题,比如患者的文化水平、对疾病的认知程度、心理状态等。本案例中患者由于理解能力的局限,把医生查房时的病情分析当成了诊断结论,导致绝望跳楼,应该说主要责任在于患者。但医生在讨论、分析病情时,没有考虑患者的认知、理解能力和担忧、恐惧的心理,这也是导致患者发生悲剧的重要因素。如果医生分析完病情之后再向患者做详细的解释和必要的安抚,这个悲剧是完全可以避免的。这也提醒医生,在查房时除了进行病情诊断讨论外,还需关注更多的沟通细节,如告知患者关于疾病的发展状况和治疗的方案,对理解有困难的患者要给予更多的关心,主动询问患者有什么疑问并随时做出通俗易懂的解释,以消除误解。

【教学建议】

本案例可用于《思想道德与法治》第五章第三节"恪守职业道德"部分的辅助教学,教师可以引导学生思考并回答:医务人员要如何践行职业道德?

（王茜　隆娟）

参考文献

[1] 《习近平总书记教育重要论述讲义》编写组.习近平总书记教育重要论述讲义[M].北京:高等教育出版社,2020.

[2] 教育部,国家卫生健康委员会,国家中医药管理局.关于加强医教协同实施卓越医生教育培养计划 2.0 的意见.教高〔2018〕4 号,2018-09-17.

[3] 崔建霞,刘新刚,杨才林,等.新时代高校思想政治理论课案例教学指南[M].北京:人民出版社,2018.

[4] 亨利·欧内斯特·西格里斯特.疾病与人类文明[M].秦传安,译.北京:中央编译出版社,2016.

[5] 刘虹.临床哲学思维[M].南京:东南大学出版社,2011.

[6] 王茜,严世荣.医患沟通概论[M].北京:人民卫生出版社,2014.

[7] 王吉耀.住院医师规范化培训内科示范案例[M].上海:上海交通大学出版社,2016.

[8] 沈柏用,邓侠兴.住院医师规范化培训外科示范案例[M].上海:上海交通大学出版社,2016.

[9] 隆娟,王茜.临床医学专业课程思政教学案例集[M].武汉:华中科技大学出版社,2021.

[10] 李芳,李义庭,刘芳.医学、医学教育的本质与医学人文精神的培养[J].医学与哲学(人文社会医学版),2009(10):66-68.

[11] 宫福清,戴艳军.我国医学生总体培养目标定位的思考[J].医学与哲学(A),2012(5):57-58,F0003.

[12] 俞嘉怡.树立医德与医术融合统一的医学教育观[J].教师教育研究,2014(2):50-55.

[13] 杜治政.医学生的培养目标与人文医学教学[J].医学与哲学,2015(6A):1-6.

[14] 周梅妮,张振威.高校案例库建设评价指标体系研究[J].重庆高教,2011(1):10-12.

[15] 张新平,冯晓敏.专业学位教学案例库建设:内涵、价值与要点[J].现代大学教育,2020(4):100-104.

[16] 尉迟光斌.论当代中国价值观中国家价值的最高地位[J].思想教育研究,2018(4):83-86.

［17］马俊,林伯海.医学生积极生命价值观普遍认同机理及其培育路径[J].学校党建与思想教育,2017(5):65-67,77.

［18］张景泊,桂翔.大学生敬业价值观和敬业精神培育的依据、意义和路径[J].思想教育研究,2019(2):122-125.

［19］宋静,杨帆,胡春平.医学生医德文化建设长效机制研究[J].学校党建与思想教育,2019(13):79-80.

［20］盘幼初,汪小莎.现代医学模式下的医务人员职业责任感内涵探析[J].教育界(高等教育),2015(8):32-34.

［21］吴元洁,王键,李净,等.基于问题教学培养中医院校医学生高阶思维能力[J].安徽中医药大学学报,2016(2):94-96.

［22］谢佛荣,刘丽芳.逻辑视角下的批判性思维和创新性思维关系及价值探析[J].九江学院学报(社会科学版),2020(1):81-83,87.

［23］王文.全球视野下中国"90后"的经济自信——兼论代际价值观转变理论视角下的中国青年与制度变革[J].西北师大学报(社会科学版),2020(4):95-100.

［24］王惠,张俊,席小芳,等.课程思政在诊断学教学中的实践与探索[J].卫生职业教育,2019(14):24-25.

［25］赵茜,郭慧,申张顺,等.论临床思维的性质和原则[J].医学与哲学,2019(12):15-19.

［26］王筝扬,向阳.临床思维的基本原理[J].中国毕业后医学教育,2020(2):97-107.

［27］杜治政.临床判断:基于病人的真实世界[J].医学与哲学,2017(15):1-5,20.

［28］孟庆义.论急诊医师初始判断方向的确定——概率论[J].中国急救医学,2010(4):348-351.

［29］王佩燕.独特的急诊临床思维——降阶梯式鉴别诊断[J].世界急危重病医学杂志,2007(3):1828.

［30］张常华,刘胡慧,何裕隆,等.科学临床思维与临床决策[J].医学与哲学,2007(22):1-3.

［31］杨志寅.临床思维与临床决策[J].中华诊断学电子杂志,2015(2):79-83.

［32］许珍荣.论"原理课"对医学生科学思维能力的培养[J].当代继续教育,2016(5):88-91.

［33］吕健.医疗的确定性、不确定性与医患共同决策[J].医学与哲学,2021(12):5-10.

［34］魏岩,张文风.中国古代疫病预防思想探析[J].长春中医药大学学报,2021

(1):6-9.

[35] 文静.文成公主进藏:民族团结的动人篇章[N].中国民族报,2021-04-06(05).

[36] 索南达杰.早期藏医药学史[J].中国民族医药杂志,2018,24(2):57-58.

[37] 冯琦,唐金陵.欧洲产褥热流行调查与控制:被忽略的流行病学先驱塞麦尔维斯[J].中华流行病学杂志,2017(8):1136-1139.

[38] 谭昭麟.外科手术两大基石——麻醉与无菌[J].食品与健康,2020(2):17-20.

[39] 马伯英,邝丽诗.中国的人痘与牛痘——纪念詹纳发明牛痘200周年[J].科学,1997(3):48-52.

[40] 马伯英.中国的人痘接种术是现代免疫学的先驱[J].中华医史杂志,1995(3):139-144.

[41] 房芳,韩菲,鲁亚平.乙酰胆碱作为化学突触递质的发现简史[J].中学生物学,2016(9):3-4.

[42] 谭昭麟.青霉素传奇[J].食品与健康,2020(10):18-20.

[43] 弗莱明的故事[J].中国科技奖励,2020(2):77-78.

[44] 陈禹.世界首例人工合成牛胰岛素纪事[J].档案春秋,2019(4):7-9.

[45] 朱凡,杨秋蒙.中国器官移植"第一例"背后的故事[J].新民周刊,2017(40):38-41.

[46] 杨宁.20世纪50年代的爱国卫生运动[J].共产党员(河北),2023(05):55-56.

[47] 李建勋.民族工商业改造,老店同仁堂新生[J].中国经济周刊,2019(18):35-37.

[48] 王溪云,邹慧,杨一兵,等.中国血吸虫病防治策略的回顾与展望——庆祝建国60周年血防成就回顾[J].江西科学,2009(6):871-876.

[49] 周颖.反应停致短肢畸形事件[J].药物不良反应杂志,2010(5):335-337.

[50] 陈立旭."赤脚医生"是怎样产生的[J].党史纵览,2019(2):54.

[51] 王咏雪.马歇尔:"以身试菌"的科学狂人[J].大众科学,2014(10):26-28.

[52] 李斌.跃上生命科学之巅——中国参与人类基因组计划纪实[J].人民论坛,2000(7):16-19.

[53] 叶龙杰.构建人类卫生健康共同体,中国展现大国担当[N].健康报,2023-05-19(001).

[54] 谭琪欣,王振雅,张赫.非凡十年:打破垄断,创新药械从跟跑到领跑[N].健康时报,2022-10-21.

[55] 黄永奎.论"医圣"张仲景的科学精神[J].四川工程职业技术学院学报,2007(2):18-19.

[56] 曾庆香.浅述葛洪及其医药学[J].科教导刊(电子版),2019(4):295-296.

[57] 李白薇.安德雷亚斯·维萨里:开创解剖学新世纪[J].中国科技奖励,2014(7):78-79.

[58] 顾凡及.近代解剖学之父——维萨里[J].自然杂志,2016(6):461-466.

[59] 贾沐恬,杨鑫,刘震.浅析哈维的科学思想——以血液循环理论为例[J].现代交际,2019(3):222-223.

[60] 卢明,陈代杰,殷瑜.1854年的伦敦霍乱与传染病学之父——约翰·斯诺[J].中国抗生素杂志,2020(4):347-373.

[61] 章奇,吴俊,叶冬青,等.病因推断的远征者:罗伯特·科赫[J].中华疾病控制杂志,2020(10):1237-1240.

[62] 张庆华,姜有声,许丹,等.教学案例"科赫——细菌学的奠基人"实施及效果[J].教育现代化,2020(11):162-164.

[63] 甄橙.提灯女神[J].中国医学人文,2015(05):67-68.

[64] 毛艳梅,吴俊,潘海峰,等.博学载医,赤心爱国——纪念鼠疫斗士和中国公共卫生先驱伍连德[J].中华疾病控制杂志,2019(8):1021-1024.

[65] 陈英云.伍连德爱国主义精神的时代价值及实践意义[J].继续教育研究,2018(10):51-57.

[66] 王海龙.白求恩晋察冀手稿还原真实的白求恩[J].中外文摘,2020(8):54-55.

[67] 孙硕.汤飞凡:细菌学的拓荒者[J].科学中国人,2019(5):77-79.

[68] 李和新.中国好医生-林巧稚[J].中国实用医药,2019(24):199-202.

[69] 何书彬."万婴之母"林巧稚[J].同舟共进,2020(10):33-36.

[70] 青宁生.我国微生态学的奠基人——魏曦[J].微生物学报,2008(3):插1-插2.

[71] 秦小燕.魏曦:奠基我国微生态学[J].湘潮,2015(7):35-38.

[72] 梅兴无.医者仁心裘法祖[J].同舟共进,2021(2):41-45.

[73] 李娟,卢莉,吴疆,等.顾方舟:为抗击脊髓灰质炎而无私奉献的一生[J].国际病毒学杂志,2019(4):217-218.

[74] 范瑞婷.脊髓灰质炎疫苗的研究——顾方舟访谈[J].中华医史杂志,2018(5):304-312.

[75] 罗元生.屠呦呦:一生只为青蒿素[J].时代报告,2019(11):68-71.

[76] 屠呦呦.不慕浮华,醉心青蒿:不变的屠呦呦[J].健康中国观察,2019(10):

38-40.

[77] 肖瑶."斩癌使者"卞修武[J].中国卫生人才,2015(2):56-59.

[78] 唐余方.破解肿瘤密码的探索者——记中国科学院院士卞修武[J].当代党员,2018(5):47-50.

[79] 唐余方.新冠肺炎的"解密者"——中国科学院院士卞修武和团队的战疫故事[J].当代党员,2020(14):59-62.

[80] 张国祥,吴建华.食管癌1例漏诊分析[J].内科,2019(2):251-252,封3.

[81] 乔少谊,陈兴发.囊性肾癌误诊肾囊肿1例报告[J].现代泌尿外科杂志,2021(5):448,450.

[82] 姚聂,王平,郭玉娟,等.从医疗纠纷案例反思医学人文关怀[J].中国卫生法制,2014(4):57-60.